人間復興なくして経済復興なし！

神谷秀樹
Mitani Hideki

亜紀書房

目次　人間復興なくして経済復興なし！

第一章　資本主義の誤用と限界

第二章　起業家が世界を変える

第三章　マネーゲームからソーシャルビジネスへ

人間復興なくして経済復興なし！

本書を、大学時代から今日までの人生を、深い愛と忍耐、寛容をもって共に歩んでくれた妻砂都子に、心からの感謝を込めて献じます。

第一章　資本主義の誤用と限界

一　資本主義国の失敗

資本主義は終わったのか？

＊資本主義の現在

一九八九年一一月、「ベルリンの壁」が崩壊するとともに、共産主義は破綻《はたん》した。共産主義はその教義のように、ブルジョワ層の支配から人民を解放するどころか、共産党員という特権階級が人民から自由を奪い、人民を搾取し、腐敗し、やがて人民の蜂起にあって自滅したのだった。共産主義体制は今でも中国など一部の国に残っているが、一党独裁下、エリート共産党員や軍幹部が人民を搾取する構造は、現代においても何ら変わらず、それは中国共産党幹部の巨額の蓄財、北朝鮮金王国の世襲を見れば明らかだ。このような社会は永続しない。

それでは資本主義は共産主義に勝ったのだろうか。人民に対し、真に「公共の福祉」をもたらし、理想的な社会を構築したのだろうか。

答えは残念ながら「否」としかいえない。二〇一一年の秋には、マンハッタンで大学を出ても職がなく、奨学金を返済できない青年たちが、「ウォール街を占拠せよ！」と叫んで、公園を占拠した。「われわれは九九％の側にいる」と所得格差に抗議する運動は、アメリカ国内どころか世界の主要都市にまで瞬く間に広がった。職がなくて、学校を出ても奨学金を返済できない。延滞利息が膨らむ。彼らが支払わなければならない金利は二五％を超える。一方政府に救済された銀行側は、金利ゼロで連銀（連邦準備制度）からいくらでもお金を借りられる。しかもその資金を一般顧客のために融資するのではなく、巨額の博打《ばくち》に注ぎ込み、ときに数十億ドル単位の大損をする。これはおかしい。

アテネでは課税強化を打ち出した政府から送られた、年金より大きな額の税をのせた電気料金請求書を前にして、老婆が「電気を切られる」と途方にくれる。借金をしたのは彼女ではない。彼女は年金でつつましやかな生活をしてきたのに、突然の払いきれない金額の増税の通知だ。勤労者の年金は削られ、減給または解雇通知が回ってくる。それがＥＵによる国家救済の条件なのだ。

二〇一〇年一一月、私は家内と一緒にイタリアで休暇を過ごしていた。その時にイタリアのテレビで観《み》たギリシアの主婦のインタビューの場面が今でも心に残っている。それは当時行われていた選挙をどう考えているか聞いたものだった。

「国民と政府とは夫婦のような関係よ。なかなか切りようにも切れないのよ。私は収入の範囲で回るように、切り詰めた生活をしてきたつもり。ところがある日、旦那に『君に話してなかったが、実はこんなに借金があった。これからはこの借金を返さなければ家をとりあげられちまうから、もっと生活を切り詰めて返すようにしてくれ』と言われたようなものなのよ。あなただって怒るでしょう。こんな旦那は追い出して、よりまともな旦那に取り替えたいと思うでしょ。でもつくった借金を返さないことには、家を持ってかれちまうのよ。今ギリシア人の心境はそんなものだと思うわ」

国民が同じような状況にあるリスボンでも、マドリッドでも、ローマでも、組合によるゼネストが頻発している。

*誤った方向性

翻って日本では、「明るい未来のエネルギー『原発』」に故郷を奪われた人々が、被曝《ひばく》の恐怖に慄《おのの》いている。なぜ安全ではない原発をこんなにもたくさんつくったのだろうか。日本国民の七割は脱原発を求めているが、為政者はそうした覚悟を固めていない。日本ほどの豊かな国でも、まだ経済成長のために「原発」という大きなリスクを取ろうという。誰のために、また何のために、どの程度の経済成長が必要で、それにはどれほどの電力供給が必要かという根本問題は議論された形跡がない。月に行くほどの技術を開発した人間が、原発なしで暮らせないわけがない。いや、数十年前までは人間は原発などなくとも生きてきた。

この二五年、アメリカで経済成長の恩恵を受けたのは、富の増加の九割を手にした一割の人々に過ぎなかった。中でも上位一％の人々に四二％の富の増加が集中し、次の三％を足すと、上位四％で八二％の富の増加が集中した。一方、下位六割の人々の富は減少した。「九九％の側の人」が問いかけているのは、「いったい何を目指す、誰のための『経済成長』なのか」ということではないだろうか。

私の目には、資本主義は人々が考えたような方向には進まず、「公共の福祉」はもたらされず、社会は分裂し、崩壊に向かっていくように見える。資本主義の是非を問わないとしても、少なくともいえることは、「これまでの資本主義」は一部の階層によって「誤用」されてきたということだ。その過ちは正さなければならない。

われわれはいったいどこで何を間違ったのだろうか。

「無限の成長＝善」への盲目的信仰

＊日米欧のターニングポイント

「過ちの出発点」はいったいどこだったのだろうか。

私はアメリカが大きく誤った原点はレーガン政権にあったと考える。レーガンの任期は一九八一年から一九八九年に及ぶ。

また日本ではレーガン政権の圧力を受けて「内需拡大」に走り、土地バブルを起こすきっかけを作った「前川レポート」にあったと考える。このレポートが書かれたのは一九八六年だ。

欧州では「ユーロ」と名を変えたマルクでもって、ドイツが欧州支配に動き出すきっかけとなった「マーストリヒト条約」にあったと考える。本条約が締結されたのは一九九二年だ。

今から約四〇年前、アメリカも日本も欧州も、戦後の復興期をとうに終え、基本的には十分豊かな生活ができるようになっていた。一方、戦後の急速な人口増加は収束局面に入っており、資源の限界も指摘され（ローマ・クラブによる「成長の限界」が発表された）、ドイツや日本が「奇跡の成長」を成し遂げた根本要因は明確に失われつつあった。「発展途上国型経済」から先進国型の「成熟社会」に移るべく経済政策を打ち出す転換期にあったのだ。実際に日本では、大平正芳《おおひらまさよし》首相（当時）が一九八〇年に成熟社会に相応《ふさわ》しい「田園都市構想」を打ち出した。しかし、この大転換策は、大平氏の急死もあって、残念ながら実行には移されなかった。そしてその後の政権は、国民が支持し、長期にわたってコミットするような国家の未来像を示すことはなかった。

アメリカの失敗

＊借金大国アメリカ

「強いアメリカ」を標榜《ひょうぼう》するレーガンは大減税を打ち出し、財政、経常収支の「双子の赤字」を垂れ流す借金経済にのめり込んだ。「借金してもお金を使え。金回りをよくすれば、景気はよくなる」。極めて浅慮な単純思考だ。こうした経済政策を喧伝《けんでん》する経済学者は残念なことに非常に多く、しかも彼らにノーベル賞が与えられたりする。企業レベルではレバレッジド・バイアウトとか、消費者レベルではクレジットカード、自動車ローン、ホームエクイティローンから、果てはサブプライムローンまで、とにかく「借金して生活を広げることが善とされる時代」に入った。そして日本は、この借金大国アメリカに一番気前よく貸す債権者となり、実質的には決して回収できず、また今となってはほとんど金利も付かない貸し金を提供し続けてきた。日本は中国と並び、アメリカ国債を一兆ドル以上保有する最大の買い手なのだ。

さらに歴代共和党政権（レーガン、ブッシュ親子）の好戦体質は、「世界の警察官」を自任し、イラク、アフガニスタン等での戦争を拡大し、一層アメリカを疲弊させた。イラク戦争だけで実におよそ三兆ドルも使った。

その借金体質はその後も一貫し、今や毎年の財政赤字は一兆ドルを超え（もっとも二〇一三年には七〇〇〇億ドルを下回ると予想される）、国債からは最上格付けが剝奪されるに至った。民間でも八〇〇万戸の住宅が差し押さえられ、バブル崩壊後四年が経過した今も、未だ処理できていない。四割の住宅ローンは担保割れを起こした。ゼロ金利のせいもあり、年金はことごとく積み立て不足だ。巨大な高齢者人口が、ほとんど蓄えのないまま退職期に入ってきている。アメリカの退職期に入る人々の平均貯蓄は、実に三万ドルしかないという。

＊選挙戦で繰り広げられた醜悪

アメリカの議会も日本同様、ここ一年以上、まったく仕事をしてこなかった。一方で、ペンシルベニア州の州都ハリスバーグ、ミシガン州のデトロイトなど、都市の疲弊が破的に進んだ。アメリカ議会が仕事をしない最大の理由は、下院多数派の共和党が「オバマ落選」を唯一の目標に、党利党略だけで動いてきたからである。国民はそれを知っていた。世論調査では、政策が停滞する責任は大統領よりも議会に、議会でも民主党よりも共和党にあることは、常に明らかだった。

共和党議員はあらゆる法案成立を阻もうとし、国民皆保険を実現したオバマに対しては、最高裁まで持ち込んで法廷闘争し、これを「違憲」とさせようとした（最高裁で共和党の主張は退けられた）。

オバマは再選されたが、この選挙で行われたことを振り返ることは日本の人々にとっても意義があると思う。

共和党の大統領候補選びを振り返ると、これは「政治版コミックショー」だった。主役は日替わりメニュー。多くの候補は、富裕層に対する増税を拒否、一方でロン・ポール以外の候補は、「シリアにもイランにも出兵すべき」と言って票取りに走った。

共和党大統領候補ミット・ロムニーはプライベート・エクイティ・ファンドの長だった。言い換えれば「強欲資本主義の長」だ。もう一人の候補ニュート・ギングリッチは、「ロビイストの長」だった。リック・サントラムは「プロライフ（妊娠中絶合法化反対）」と言い、避妊にまで異議を唱えるが、一方で戦争大好きで、ライフル協会を支援し、銃規制には反対だ。

このライフル協会は二〇一二年一二月に、コネチカット州の小学校で二六人の幼い生徒と先生が殺された後でも銃規制には反対で、生徒を護《まも》るためには銃を持った警官かガードマンを学校に置くべきだと主張した。あくまで銃を増やしたいのだ。アメリカには三億丁の銃が一般人に保有されて、一年に三万人が自殺を含めて銃で死ぬ。サントラムは、カトリック教徒だというが、キリストの最も重要な教えは「汝《なんじ》の敵を愛せ」で、彼が言っていることは根本的に矛盾している（銃乱射事件が起きても、ライフル協会に票を期待する共和党は銃規制には反対を貫いている）。

こうした最中、不動産（特にカジノ）開発で財を成すとともに、何回か事業を破産させたドナルド・トランプが、「オバマはアメリカ生まれではなく、アメリカ人ではない」と主張したり、何人かの上院議員候補が「女性はレイプされて妊娠した場合でも堕胎してはいけない」「女性の体は本当のレイプの場合は妊娠しないようにできている」などと主張し、顰蹙《ひんしゅく》を買い、落選した。

＊共和党的なるもの

ミット・ロムニーは極めて共和党的な人物だ。選挙運動中、「下位四七％の国民は、政府にたかって生きている人々で、この人たちがオバマに投票する。自分はこれらの人々のためには働かない」という主旨のことを語った。この層にはほとんどすべての年金生活者、軍人、負傷した退役軍人、学生、子供が入る。彼はこうした人々に対する社会保障をカットすると言った。「金持ちの、金持ちによる、金持ちのための政治」が彼の標榜するものだということが、事あるたびに露呈し、支持者をどんどん失っていったが、彼を支持し巨額の選挙運動資金を提供したのは、カジノのオーナーを含む超富裕層で、この層の増税を阻みたい人々が寄付した「スーパーパック」からたっぷり選挙資金を得て選挙戦を進めた。

共和党内選挙では、ロムニーは最後に残ったサントラムを八倍上回る巨額の資金で、票を買うキャンペーンを進めた。投票日の数日前、巨額の宣伝広告費でテレビの広告枠を買い上げ、相手を徹底的に中傷する、いわゆる「ネガティブ・アド」を出した。

大統領本選では、貧乏人には投票させまいと、オハイオ州などでは運転免許などの公的

ＩＤ（写真付き身分証明書）などがなければ投票できないようにしようと試みた。アメリカの年配者や貧困層は、パスポートも運転免許も持っていない人が多い。彼らを選挙から締め出そうとしたのだ（公共料金の払い込み票で名前や住所を確認するなどの方法もある）。またフロリダ州では、投票日に仕事があって投票所へ行けない人のために、事前に投票する期間を設けているが、これを短縮し、投票所によっては何時間も列をつくらなければならないようにした。私が住むニュージャージー州では投票はタッチスクリーンでできるようになっており、投票はものの一分もかからずに終わる。しかし、投票率が低いほど有利な共和党は、こうした便利な投票システムで投票率が上がることを拒むのである。民主主義の基本精神が、完全にないがしろにされている。

これがロムニーの（また今回の共和党の）選挙のやり方だった。ロムニーのような人間は、資本主義を自己の利益のために誤用してきただけでなく、その資金力でもってアメリカの民主主義そのものを崩壊に導いている。自分たちのしてきたことが「強欲資本主義の自爆」を招き、かつ「金権民主主義の自爆」をも招くということを、彼らは真剣に考えない。あくまで自己の欲望に従って突き進んでいく。

そして世界に対しては、自己主張を押し付け、従わないものは軍事力で屈服させようとする。ロムニーは共和党の大統領候補指名受託演説で、戦争や従軍兵士に関してまったく触れなかった。彼の頭の中では、一兵卒の命など心配の対象にはならない。ただし「軍強化」の方針を語った。「軍事産業を肥やすこと」、その「軍事力で他国を圧すること」には興味があるが、そこにいる自分の国の兵士や人間にはまったく向ける目をもたない。アメリカが世界中で嫌われる理由そのものを体現している。

オバマのお陰でイラクとアフガニスタンからはどうにか撤退を進めてきたが、共和党は好戦的で逆の方向だ。「ホルムズ海峡波高し」で、イランとの戦争が新たに起こらないか、非常に気がかりだ。前回の大統領選挙で、もしジョン・マケインが勝っていたら、すでにシリアには兵を送り、イスラエルといっしょになってイランの爆撃も始めていただろう。フランスといっしょにマリにも兵を出したかもしれない。

共和党候補の中で戦争を否定したのはロン・ポールだけだった。ロン・ポールの言うように、もうアメリカには戦争するほどのお金はない。お金がなければ知恵で勝たねばならない。

私はアメリカの問題点をはっきりと書いたが、アメリカにはよいところもたくさんある。オバマの第一期はリーマン・ショックで最も辛い状況だった。思ったような経済の回復はできず、失業率は高く、学生も半数が「学校を出たが職はない」という状況だった。しかし、「チェンジ」の芽を摘まず、「前進」するのだという意思は固く、若い人を中心にオバマの選挙運動は進められ、多くの若者たち、女性、マイノリティーたちの堅い支持のもとに再選された。

私はそのことをたいへん嬉《うれ》しく思っている。二〇一三年一月二一日は「マーチン・ルーサー・キング・ジュニア・デー」だったが、オバマの二期目大統領就任式が行われた。奴隷解放から一五〇年、キング牧師の「ワシントン大行進」から五〇年目だった。アメリカは長い道のりを経てやってきた。その日ワシントンDCには八〇万人もの人が就任式見物に訪れたが、私にとっても極めて感動的な一日だった。私はアメリカ国籍を取得し、アメリカで生きているからである。

日本の失敗

＊前川レポートの功罪

日本では「前川レポート」に沿った金融緩和、内需振興策が空前の土地バブルをもたらし、爆発し、不良債権の山だけを残した。国力は疲弊し、その不況からの脱出を目論《もくろ》んだ財政金融政策はことごとく失敗し、金利は永年ゼロのままで、GDPの二倍に上る累積債務と、GDP比一〇%の、世界最大の赤字予算を組む国と化した。日本のGDPは過去二〇年間、だいたい四五〇兆円から四七〇兆円程度で横ばいだ。なのに、国の借金だけが約三倍増え一〇〇〇兆円を超えた。

日本経済は未だ金繰りはどうにかついているものの、実際には破綻している。しかし国会議員の多くでさえ、そうした認識はもっていない。ほとんどの欧州諸国の消費税は二〇%を超えている。それでもまだ増税を続け、財政を均衡させようとしている。二〇一二年の消費税増税法案に反対した日本の国会議員は他国の状況をいったいどのように見ているのだろうか。いや、「見たくないものは見ない」ようにしているのではないか。

＊デジャ・ビュの安倍内閣

二〇一二年一二月の選挙の結果は、すっかり「先祖返り」というか、時計の針を「五五年体制」に戻すもので、政治は「二大政党」制になるかと思っていたのが、すっかり自民党と少数の政党が乱立する多党制に戻ってしまった。自民党と財界は早速に癒着を強め、福島の教訓はすでに忘却のかなたへと葬られた。農民との癒着も戻り、そしてゼネコン癒着も元に戻して「財政支出強化」が始まり、各種の補助金での「特定業界向け利益誘導」が復活した。

自民党の経済政策は浅慮の塊のようなもので、「中央銀行の独立」を認めず、安倍晋三《あべしんぞう》総裁の名前をもじった「(A)アセット・(B)バブル・(E)エコノミー」を再現し、インフレ目標を二%に置き、そのためには日銀による国債四割保有を含む超金融緩和を推進している。日銀は毎月発行される国債の七割相当を今後買い続ける。「何のための、誰のための経済成長を目指すのか」という根源的な思考は何もない。

民主党が「達成不能なマニフェスト」から始まって、国民の期待を裏切ったのはそのとおりであるが、上記のような政策を掲げる自民党に圧倒的な議席を与えたことは間違いだったと私は考えている。

選挙結果に驚きつつも、一方私は「技術的イノベーションの種を日本にもたらすこと」を仕事とし、その仕事が「保守性の壁」にぶつかり、最近すっかり進まなくなったことを嘆いていたので、この「チェンジを拒む国民気質」は納得のいくものだった。

日本も人口の減少化、高齢化などで、以前とはすっかり条件が変わってしまったが、世界情勢も同様だ。必要なのは「チェンジ」なのだ。民主党がなかなか与党としてしっかりしなかったのは不幸であったが、だからといって昔に時計の針を戻すことはできないのである。

日本の行く先を考えると怖《おそ》ろしい。「放漫財政とナショナリズムの高揚」はデジャ・ビュ、いつか見た光景だ。そう、第二次大戦に入り込んでいった日本の姿そのものである。

現在の東アジアの指導者たちは、いずれも岸《きし》、朴《パク》、金《キム》、習《しゅう》家の「世襲」である。これは「偶然の一致」の結果なのだろうか。決して明るくはなかった東アジアの時代への「先祖返り」を見ると、大きな不安が心をよぎる。日本も、その周辺の東アジア地域も、何かのっぴきならない時代に突入していっているのではないか。

また改憲論者である石原慎太郎《いしはらしんたろう》氏は「核兵器保有の検討」まで言い出した。日本とロシア、中国、韓国の間は未だ「許し、（憎しみを）忘却する」段階に至っていない過去がある。戦争で生まれた憎しみや恨みを「許し、忘却する」という関係が成立しているのはアメリカとの関係だけだ。お互いに「許し、忘却する」には、努力を要する。その努力が未だ十分でないことは明らかである。

＊許しと忘却

二〇一三年一月に、元国務次官補クリストファー・ヒル教授の国際政治に関する講演会が、時事通信社主催でニューヨークで行われた。ちょうど日中問題で講演が終わったので、私は「二つの国が対峙《たいじ》した後、お互いに『許し、忘却する』という関係が成立する場合と成立しない場合がある。日米、独仏、独英などは成立したケースであろうが、残念ながら日中、日韓はまだこうした関係が成立していない。貴殿は永年外交に携わってきたが、貴殿の見たところで、何が両者の違いを生むものに思われるか」と質問した。

彼は西ドイツとポーランドの例を好事例として挙げた。一九七〇年一二月、当時のウイリー・ブラント西ドイツ首相（後日ノーベル平和賞受賞）がワルシャワを公式訪問し、ユダヤ人ゲットー跡地の記念碑の前で深く膝を折り、頭《こうべ》を垂れて無言の贖罪《しょくざい》をした。それは突然の行為であり、ポーランド人の心を打った。

ポーランドとドイツは戦争の歴史が永いが、ブラントという卓越した政治的リーダーの、個人の判断による深い贖罪の行為をポーランド人は受け入れた。

「ポーランド人とウオッカを二杯あおれば、未だにドイツ人に対する悪口が出るので、完全に『忘れた』とまでは言えない。しかし『許した』とは言えるのではないか。外交は経済や政治的な条約などだけで成立するものではない。極めて人間的（ヒューマン）な側面がある」とヒル氏は説明してくれた。

「贖罪と許し」はキリスト教のコンセプトであり、果たして日本人と中国人、日本人と韓国人の間に成立するものかどうかは分からない。

欧州の失敗

＊政治統合なしの統合

欧州を政治的に統一できなかったドイツは、東ドイツを併合すると、政治的統合は諦めたものの、財政統合を目指すこともなく、「ユーロ」と名前を変えた「マルク」でもって「通貨統合」を進めた。「政治統合なくして通貨統合推進」という基本的な間違いを、欧州はここで犯した。

イタリアのように都市国家を統合したところも、「ユナイテッド・キングダム（イギリス）」も、まずは政治統合をしてから通貨を統合した。ところが、ユーロは通貨統合が先で、政治統合が後と、「順番逆」でもいけると考えたのだ。

フランスや欧州北部のエリート国は、通貨統合が、東西一つとなり大国となったドイツの独走を抑制する頸木《くびき》になることを期待した。しかし、「財政規律の維持」を担保しなかったため、実際には南部弱小国の債務を膨らませ、しかもその調整を通貨の切り下げで行うという機能を奪った。強国ドイツは一層強国となり、弱小国は一層弱くなり、この競争力格差は構造的なものとなった。この災いから逃れることができたのは、独自通貨を維持したスイス、イギリス、デンマーク、スウェーデンなどだ。

通貨を切り下げ、労働コストを下げることができないというのは、経済回復には致命的な支障となる。賃下げは競争力回復の手段となるが、国民にとっては受け入れがたく、政治は不安定化する。ユーロに加盟していないトルコは二〇〇〇年の経済危機を、そして二〇〇八年には破綻したアイスランドでさえ、大幅な通貨切り下げをし、回復した。しかしギリシア、ポルトガル、スペイン、キプロスなどは、同様のことができない。二〇一三年二月現在、ギリシアとスペインの失業率は二七％と非常に厳しい状況だ。

二〇一二年年初、ギリシアの第二次救済が行われた。ギリシアは大幅な財政支出のカットや賃下げを受け入れた。しかし、通貨の切り下げが伴わないので、これまでに三割上昇したといわれる労働コストは、賃下げで五％程度下げられたに過ぎない。これでギリシアの労働者が欧州で競争力を回復することにはならない。根本問題は何ら解決されていないのだ。そして五月の選挙では、上記の救済案に合意した与党政府が惨敗し、左派勢力が著しく伸張した。

キプロスも財政破綻に伴い、取り付け騒ぎが起きて銀行が休業に入ったが、大口預金者の預金はカットされ、「預金は聖域」という常識を覆した。また海外送金制限を行ったので、これは「ユーロは自由に流通する」という原則を破り、実質「二つのユーロ」を生み出してしまった。

ユーロが崩壊するのは時間の問題だろう。二〇一三年はいよいよギリシアがユーロを脱退するかどうかの「メーク・オア・ブレーク」の年になるといわれているが、ギリシア、キプロスのような弱小国が抜けるのか、もしくはフィンランドなど北の強国のうちどこかが抜けるのか、遠くない将来にどちらかが起こるのは不可避と考える。実際に、欧州では各国がお札を印刷する輪転機の手当てをしはじめ、よりスムーズにユーロを離脱する準備が進められていると聞く。

統合を進めたい人々は、やれ欧州中央銀行による弱小国の国債買い支えとか、銀行監督権の統合とか、目先のいろいろな策を語る。しかし、考えてみよ。統合はそんな小手先ですむ問題ではなく、財務省を一つにし、徴税権も統合し、税率を域内統一する程度まで進めなければ実現しない。人々の通行の自由、居住の自由、就職時における国籍上の差別の排除も、あたかも国境が不在というほどに自由化しなければならない。そのような目標は、実際には語ることさえはばかられる、遠い遠い課題なのではないか。

＊欧州は「欧州合衆国」にはなれない

欧州が統一に向かうというのは私にはイリュージョンとしか思えない。一言でいえば、欧州は「欧州合衆国」にはなれない。

アメリカのように州を跨《また》ぐ二大政党が競う体制ではなく、各国が多数党だ。加盟国合計でいったいいくつの政党があるのかも分からないくらいだ。民族も文化も言語も多様。政治的主義主張は一層異なる。経済水準も大きく異なるし、格差は拡大中だ。これを「ドイツ人の価値観で統治する」ということなど、私には不可能としか思えない。実際に欧州で休暇をとったりしていると、ドイツ人に対する反感が極めて強くなっているのを肌で感じる。

欧州は、各国首脳が唱える「統一」というレトリックに反し、今後分裂していく可能性のほうが高いと考える。たとえば、「グレートブリテンおよび北アイルランド連合王国（イギリス）」でさえ、経済危機のアイルランドを統合しなかった。彼らのカトリックとプロテスタントの対立の歴史を振り返れば当然だと思われる。また、スコットランドでは独立運動が広がっている。二〇一四年に国民投票をする方向だ。

スペインでは昔からバスク地方の人々が独立を望み、加えて最近ではカタルーニャ地方でも独立運動が起こっている。二〇一四年には自治州内の住民投票をするという。ベルギーも言語の違う二つの地域が分裂の方向だ。

旧ユーゴスラビアは六ヵ国に分裂、チェコスロバキアも二つに割れた（もともと二つの国であったのが一時的に一つになり、そして元に戻ったという見方もできる）。どう見ても国家の壁を超えて統合する力よりは、分裂する力のほうが大きいのだ。

二〇一二年、ＥＵ二七ヵ国が打ち出した各国の財務主権制限策に、イギリスとチェコは賛成しなかった。すると満場一致の原則は簡単に放棄され、二五ヵ国でルールを制定するということになってしまった。二〇一二年末になると、イギリス国民の間では、急速にＥＵ脱退論が強くなった。

ユーロ首脳会議が打ち出す「ユーロ救済案」は、問題を先送りし、弱小国を締め上げるばかりで、根本的救済案は不在だ。また彼らが打ち出すマクロ対策の本質は、これまで無秩序に貸し込み、投機に走り、暴利を貪《むさぼ》ってきた「大金融機関救済策」で、庶民が受け取るのは解雇、年金削減、増税の通知ばかりだ。そこに正義はない。今やＰＩＩＧＳ（実際にはこれにキプロスも加わったが）の抱えた問題は局所的なものでなく、欧州全体に転移した。フランスほか多くの国が格下げされ、経済は沈滞し、欧州全体が体力を弱めている。

「ユーロ」が放棄されない以上、この「欧州全体の低迷」が継続することだろう。遠くない将来に、この経済的非合理性は「市場の暴力」とも呼ばれる必然性により解消される方向に動かざるをえなくなる。

＊ある中央銀行批判

二〇一二年一〇月二一日付の日本経済新聞に、「国債無制限購入は誤り」というドイツＩｆｏ経済研究所長ハンスウェルナー・ジン氏のインタビュー記事が掲載された。私が目にするいろいろな人々の、欧州の現在と未来を語る論理の中で、最も同感できるものだった。

彼は、欧州の危機国が破綻し、ユーロが存続すると、ドイツは約五〇兆円の損失を蒙《こうむ》る懸念があるとしたうえで、左記のように述べた。

「資本市場の一時的な機能不全で資金繰りに困った国には流動性支援が必要だ。しかし借金返済の能力が失われた国の問題を解決することはできない。支援は自助を伴わねばならない。投機資金を流した投資家が債権の一部を放棄しなければならない。これは資本主義の原則だ」

欧州中銀（ＥＣＢ）の無制限国債購入策に関しては、「政策は基本的に間違っている。金融政策による財政支援を禁じたマーストリヒト条約の迂回《うかい》行為で、既発や新発の国債をＥ

ＣＢが紙幣の増刷で買っているのと一緒だ。民主主義の手続きで選ばないＥＣＢ理事会がこんな策を決めてはならない」と述べている。

ギリシアなどのユーロ離脱に関しては、それを認める立場だ。

「ユーロ圏からの離脱をタブーにしてはならない。決定は各国に任せるべきだ。流動性支援で不十分なら、単一通貨を去って競争力を向上する必要がある」

そしてギリシアの将来に関しては、このように述べている。

「ギリシャは隣国のトルコに比べて物価水準が六四％も高い。価格や賃金の切り下げをせず、ユーロ圏にとどまって公的支援で生き延びるという楽な選択肢はありえない」

彼は、日本が韓国やフィリピンの借金を肩代わりするということが考えられないように、ドイツ人が彼らの借金を肩代わりすることはありえないと明確にいっている。

「考えられる展開は、ギリシャが一夜にしてすべての契約を（自国通貨の）ドラクマに切り替えること。ドラクマ紙幣が印刷され、輸入品への支払いでユーロが使い尽くされるまで、ユーロ紙幣の使用を認める。ギリシャも自然と二重通貨体制になる。トルコでもリラとユーロの二つの通貨が流通している」

読者の中には香港では香港ドルでも米ドルでも日本円でも買い物できることを想起する方もいるだろう。それは自然なことである。

ユーロ危機の域内伝染に関しては、「危険はある。だがギリシャの競争力を再建し、内需を強化する秩序だった手続きを伴えば伝染は小規模ですむ。銀行破綻を防ぎ輸入代金の支払いも確実にする。そうすればギリシャは復調する。若い人が仕事を見つけ、富裕層は様々な価格が下がった自国に資金を戻す」という主張だ

私はジン氏の見解は正しく、たとえ当面EUなど政策当局が採用しなくとも、結局はこのような形になると確信している。世界経済を三〇年も見てきたが、結局はなるようにしかならず、自然の流れに逆行しても、それはやりきれるものではないことを経験値として知っているからである。

過ちの原因は何か？

＊成長＝善の限界

さて、このような過ちはなぜ発生したのだろうか。

「何を目的とする誰のための成長政策なのか？」という基本的な問いかけをすることなく、ただただ「成長＝善」という誤った信仰を普及し、持ち続けたことに原因があると私

は考える。

もっと簡単にいえば、先進国の国民が、周りに物が溢《あふ》れる時代になってさえ、「足るを知る」ことなく、「もっともっと」と金銭的、物質的欲望を広げたことにある。その欲望を満たすために無分別に借金し、金融主体の経済を膨張させ、過剰設備投資も進め、資源を浪費した。また、電力が足りないとなれば、原子力発電のような、未だコントロールする技術が十分でないものを推進した。

結果は芳しくなく、バブルを生んでは破裂するということを繰り返し、各国で高失業率を生み、日米の貧困率は一五%を超えた。そして、何ら人間的、社会的な進歩を成し遂げることなく自壊へと向かってきたのではないだろうか。

この間、社会の崩壊も厳しいものがあった。日本では年間三万人を超える人が自殺し（二〇一二年は三万人を切ったが）、また三万人以上の高齢者が孤独死するというような状況に陥っている。この不幸な統計は三陸《さんりく》の大地震と津波で亡くなった人の数よりはるかに多い。片やアメリカでは戦地から帰国した兵士の五人に一人が精神的なダメージを受けているとの説がある。

＊中産階級の崩壊

日米欧ともに中産階級が崩壊しはじめ、弱者の人間的尊厳が見失われている。中産階級の崩壊とは、戦後の経済的成果をご破算にする現象だ。

経済成長は中産階級の形成を主要因としていた。アメリカ、日本、韓国を見てみよう。みな製造業を伸ばし、中産階級を形成し、発展したのだった。最近のブラジルの発展を見ていても、これは顕著だ。貧民街であるファベーラが取り壊され、よりよい環境を低所得層に与え、教育を普及し、社会的に上昇できる基盤を前ルーラ政権がつくった。そして徐々に中産階級が形成され、この層の消費が伸びた。経済が伸びるかどうかは、このように中産階級の形成に最も大きく左右されるのだ。

しかし、ここ二〇年、先進国ではこれが逆回転しはじめたのだ。アメリカでは上位一％に富が集中し、中産階級は搾取され、没落しはじめた。私はこのような資本主義の自壊を「強欲資本主義の自爆」と呼んだ。私は二〇〇八年に亜紀書房から『さらば、強欲資本主義』を出し、また『強欲資本主義 ウォール街の自爆』を文春新書から出したが、お読みになった方が少しはいるかと思う。

＊強欲資本主義

アメリカには強欲資本主義を推進し、自己の富を増強することに邁進《まいしん》したグループがあった。ウォール街、軍需産業、石油産業がそれだ。世界の平和を謳《うた》いながら、世界で一番戦争をしているのがアメリカだ。テロの原因となるのは貧困と搾取と無教育。そして原資はコカイン・マネーだ。そしてコカインの世界最大の消費者はアメリカの麻薬中毒者だ。しかし、アメリカはこうしたテロの根因とは十分戦わず、世界中に石油支配権を求めて軍隊を送り、戦争をしてきた。ウォール街はバブルを生んでは、その波に乗って儲けに走った。

ブッシュ・ジュニア政権（共和党）が典型だが、彼自身は不正経理で破綻したエンロン（石油会社）から最大の献金を得、ディック・チェイニー、ドナルド・ラムズフェルドという石油、軍需産業の幹部を脇に置き、財務長官には元ゴールドマン・サックス会長のハンク・ポールソンを据えた。

貧乏人の子供は軍隊に行き、金持ちの子供はビジネス・スクールを出てウォール街の投資銀行に入り、金儲けに猛進するような社会をつくった。シティー（ロンドン）もフランクフルトも東京も、愚かにもウォール街がもたらす富に魅了され、「金融立国」を標榜した。金融が異常に膨張した経済は、度重なるバブルの崩壊を経て、信用秩序を大きく傷つけ、自壊の道を歩んだ。

このような思想は共和党では今も継承されている。二〇一二年の大統領選の共和党大統領候補ミット・ロムニーは、中産階級を実に「所得二〇万ドルから二五万ドルの層」と定義した。これは実際には上位五%にあたる。一方、軍事費は増加させ、「強いアメリカ」を目指すと言った。言い換えれば、軍事産業に付ける予算を増加させるということだ。

メディケアという高齢者や身体障害者向けの公的健康保険は、定額のクーポン券の給付に切り替え、それで民間健康保険を買えと言う。七〇歳の既往症のある老人に保険を売る民間保険会社など存在するわけがない。彼はまたこうした公的保険制度は州で行うべきだと言った。人口の小さな州でこうした制度をつくることはそもそも無理だし、また国内に公的健康保険のある州とない州があったらどうなるだろう。人は「公的健康保険がある州」に移動してしまうだろう。「ない州」はどんどん過疎化が進み、やがて人が住まなくなってしまう。国民健康保険制度は国家単位でしかできないものだというのは、議論をまたない問題だと思うが、大統領の一方の候補はこうした公約を掲げたのである（当然のように負けはしたが）。

ロムニーほど明確に「金持ちの、金持ちによる、金持ちのための政治」を語った人間は、かつて存在しなかっただろう。このような人間が大統領候補に選ばれたこと自体を私は嘆かわしく思ったが、よかったことはアメリカ国民は彼を落選させ、正しい選択をしたことだ。

＊国を挙げての信用低下政策

聖書に書いてあるとおり、「金は朽ちる」。どれほどの証券が、ごみくずになったことだろう。リーマン・ブラザーズの株券や、サブプライム・モーゲージ証券だけではない。ギリシアの「国債」の価値は三分の一に減った。

実業を構築せず、借金で投機し、ペーパーマネーをつくっても、そんなものはすぐに朽ちる。にっちもさっちも行かなくなり、現在やっと金融機関も政府も債務圧縮に向かいつつある（日本の安倍政権だけは逆の道を行こうとしている）。金融機関は自己資本が不足し、資産圧縮を始めた。各国政府も財政均衡に向かおうとしている。しかし、その本気度は計りがたく、健全な経済と「信用」の回復への道は、遠く険しいものだ。

欧米の政府が財政均衡に向かおうとすると、議会の制限を受けず、行政府からも独立している中央銀行は、自らの権限で大幅な金融緩和を、「量的緩和」（お札を刷ること）でやりはじめた。欧州中銀は民間市場では価格が著しく低下する国の国債を買い支え、米連銀は政府保証付き住宅金融証券を「雇用が回復するまで」無期限に買うという。日銀も同様だ。これはまた、世界の三大通貨圏の中央銀行が、為替《かわせ》切り下げ競争、言い換えると「近隣窮乏化策」を実行に移したに等しい。これに対して、ブラジルや韓国政府は大きな不満の声をあげている。

日本はもとより、アメリカ、フランス、イギリスなどの国債もトリプルAという最高格付けを失った。日本国債は今後もっと格付けを下げられるだろう。政府がそれを問題視する気持ちがまるでない。

信用力の悪化は民間も同様で、一九八一年には金融機関を除くS&P五〇〇社のうち六一社がトリプルAだったものが、現在はわずか四社になった。今やアメリカ、欧州、日本にトリプルAの銀行は存在していない。ソニーやパナソニックなど過去の優良企業も、格付け機関によっては「投資不適格」なジャンク格付けを与えられている。

信用とは「築くに一〇年、壊すに一日」といったもので、一度壊してしまうと、その回復には倍の努力を要する。しかし現実には目先の利益を信用より重要視する政治家、経営者のほうが圧倒的に多い。

私にはどうして世界のリーダーが、こうした短期的な利益のために、長期的には大損害をもたらす政策を出し続けるのか、理解に苦しむ。「間違い続けること」がいつまで経っても止まらない。

＊世界共通の課題――政治のねじれ現象

アメリカでも欧州でも日本でも、経済危機にあると人々はいうが、その問題解決の主役を期待される政府は、どこでも「まったく機能していない」という大問題がある。

アメリカでは二〇一三年の正月に、バイデン副大統領の活躍でどうにか「フィスカル・クリフ（財政の崖）」という財政の急速な引き締めは回避したが、通った法案は中間層の増税を止め、年収四五万ドル以上の所得層の増税を決めただけで、支出の削減、政府債務上限に関する取り決めなどは後回しにしてしまった。「一〇年で一・二兆ドルの支出削減」という法案をめぐって、今後も「ねじれ国会」での共和党右派との戦いは続く。たとえば支出の削減を軍事費に求めるのか福祉削減に求めるかなど、大きな対立が続く。

日本の二〇一二年国家予算は、税収よりも新規の借金のほうが多い。税収四〇兆円、予算は実質九六兆円超。世界中の国が予算均衡法を検討している時に、「さらに補正予算一〇兆円、それは国債発行で」という日本は別世界だ。イタリアでは一時、国債の金利が七％を超えた。日本で同じことが起これば年間の金利は七〇兆円だ。しかし税収は四〇兆円しかない。野田佳彦《のだよしひこ》首相（当時）と財務省は、どうにか消費税増税法案を通したが、世の中、増税反対論ばっかりだ。結果、民主党は大敗し、本案に賛成した自民党も「実施するかどうかは今後の判断」と次の参議院選挙を睨《にら》んで、すぐに態度を変えてしまった。打ち出したのは「アベノミクス」と呼ぶ「バブル復活経済策」である。本当に痛い目を見るまで、自分を真に律することはできないのだろうか。

自民党安倍総裁は二〇一二年一二月の選挙運動の当初、「日銀に責任をもたせる」「インフレ目標を三％としたい」としたが（その後二％に修正）、もし国債が「通常の金利」で取引されることになり、「通常の金利」とは歴史的な水準である「インフレ率＋一・五％」とすると、日本国債の金利は三・五％になる。国の一〇〇〇兆円の借金の三・五％の金利は三五兆円、すなわち税収の八割に匹敵する。自民党はそんな公約を掲げ、政権を取って実際に大型補正予算を組んだ（財政健全化はすっかり忘れられている）。私からすれば「投機家だけが喜ぶ結果となる常軌を逸した行動」をとっている。日銀も本当に政治に弱く、ちょっと脅かされると、正論など即引っ込める。

『文藝春秋』二〇一三年一月号掲載の、安倍氏の「新しい国へ」という論文を読みはじめた時、「デフレ退治と日銀改革」が前面に出てくる彼の政権構想に怖ろしさを感じた。「これが『新しい日本』なのか？　全部『元に戻す』という話ではないのか？　いつかの君といっしょだ。前回君は『美しい国へ』という表現を使った。君の美的感覚はどんなものかと思って、わざわざ本を買って読んだが、その本には何をもって美しいというのかは一言も書いてなかった。今回も『古い日本』は随所に出ていたが『新しい日本』については何も書いてなかった」というのが私の読後感だった。私は「アベノミクス」に対する反論を『文藝春秋』二〇一三年四月号に「アベノミクス『危険な熱狂』」として発表した。

日本のこの先一〇年は、アメリカのそれよりもはるかに暗いと「実感」した。安倍政権絡みのニュースが伝えられるたびに、「二〇一三年の経済危機は日本製になる」という趣旨の論調が欧米のメディアには多く掲載されたが、日本ではほとんど無視されている。

アメリカの場合、民主党、大統領とともに「財政は均衡させたい」という共通の目標意識は少なくとももっている。大統領と共和党の違いは、その達成手段である税制改革と、財政支出節減の対象と、規模の問題で、方向性は一致しているのである。日本はもはや、そういう状況ではない。本当の問題にはすべて目をつむり、目先の数字を若干（一%とか二%という単位）改善し、それで次回の参議院選挙に勝とうという党利党略だけで、国家の政策を選んでいる。

＊未だ「戦後」を引きずる国際機関

世界の政治的意思疎通を図るサミットは先進七ヵ国のG７から中国、ブラジルなど新興経済国を含むG20に拡大された。しかし、ここも実際には何も決められない場所で「Gゼロ」と揶揄《やゆ》されている。フランスのサルコジ大統領（当時）が中国に救済資金のおねだりに行ったが、中国は「貧乏人の中国がなぜ金持ちの欧州を救済しなければいけないのか」といい、議論はそれで終わりとなった。あたりまえの話だ。

ＩＭＦ（国際通貨基金）も未だ第二次大戦戦勝国中心の機関で、先進国の既得権を維持する体制を放棄していない。ＳＤＲ（特別引出権）の配分などを増やさないことに、中国などは不満だ。この不満がある時に、欧州救済資金をおねだりしても、出てくるわけはないと私には思える。一方、ＩＭＦの増資に関してはアメリカは反対で、実質的な議論はできないだろう。未だＩＭＦはアメリカを外して何かできるような機関にはなっていない。

このように、日本に限らずアメリカでも欧州でも、国際機関でも、政治家は仕事をしていない。選挙民に選ばれた、圧倒的な力をもつ（ねじれのない）政権が誕生するまで、政府による指導力の発揮は期待できない。

ならば、なお一層のこと、民間部門の一人ひとりが、それぞれに足場を固め、政府に頼らず、将来を切り拓《ひら》いてゆくしかない。それは「ゼロ金利」や「量的緩和」などのマクロ政策に期待することが誤りで、競争力のある仕事（職）、技術、事業、産業を、ミクロレベルで、われわれ国民一人ひとりが創造してゆく以外ないということを示している。

二　成長至上主義から抜け出す

今こそ有効な「ゼロ成長論」

＊下村治博士の画期的な説

それでは「途上国型経済の成長志向」から成熟社会を支える「脱成長至上主義」について話をしたい。

ここ二五年、先進国における資本主義経済が、ただただ「成長」という名の神を信仰し、道を誤ってきたことを述べた。現状政府は機能せず、解決策は提案されないどころか、各中央銀行の過剰かつ異常な量的緩和に見られるように、間違いを重ねるばかりだ。「借金経済を更なる借金で解決しようとする」のは筋違いだ。しかし、安倍首相のように

「バブルをもう一度」を政策に掲げるような人が、相変わらず出てくる。

それでは、今後われわれは「何を目標とし」「誰のため」の経済運営を行うべきなのであろうか。またその経済原理は、どのようなものであるべきなのだろう。その新しい経済原理は引き続き「資本主義」と呼ばれるべきものなのだろうか。

私はこの大きな命題を考える最大のヒントは、日本の経済学者下村治《しもむらおさむ》の遺訓にあると信じる。下村博士は池田勇人《いけだはやと》首相（当時）の「所得倍増計画」の産みの親で、高度経済成長を演出し、日本が奇跡的な復興を成し遂げた後、豹変《ひょうへん》し「ゼロ成長論」を唱えた最初の人物だ。彼の影響を受けて大平首相（当時）は先述の「田園都市構想」を打ち出した。

下村博士は一九八七年、「前川レポート」を強烈に批判し、「世界的経済不安定の元凶はレーガン大統領の大減税がすべての発端」「もうマイナス成長が始まっている」「ドル崩壊の危険性はこれほどある」と述べた。実際にその後一ドル八〇円を切り、一オンスの金はブレトンウッズ体制で決めた三五ドルからピークで一七〇〇ドルまで上昇した。

そして下村博士は「国民経済」という視点を忘れず、「自国の経済は自国で責任を持って安定化させよ」「世界同時不況を覚悟するしか解決の道はない」「アメリカは強いという迷信を早く捨てよ」といった。実際にアメリカの国債は二〇一一年八月、最高格付けを失った。

「個人生活は異常な膨張以前の姿にもどる」ともいった。これらのことは『日本は悪くない』（ネスコ、文春文庫所収）に書き残されている（私は光栄にも文庫版の序を書く機会をいただいた）。

下村博士の意見と私の意見が一つ異なる点を述べておこう。彼は国民経済を護るためには貿易制限は致し方ないと、今でいうなら「TPP反対論」を唱えた。しかし、私からすると、それは二〇年前であればできた話だが、今ではできない。理由は、WTO発足の前と後では国際化のレベルがまったく異なること、そして、これほど国家の債務が積み上がった現在、特定産業保護にお金を使う余裕はもう日本にはないと考えるからだ。産業面では歯を食いしばって勉強し、イノベーションを進め、競争力ある仕事をする以外に、生きてゆく道はないと考える。

この一点を除いて、すべて下村博士のいったとおりになったし、彼は正しかった。彼はアメリカで進むマネーゲームに関して最も大きな警鐘を鳴らした人物だった。当時の指導者が、誰も彼の警告を真剣に受け止めなかったというのは、極めて残念なことだった。

二〇一三年一月にロッテン・コリーンというスウェーデン・ナショナル・ラジオの記者から突然インタビューの依頼がきた。彼は「無限の成長」という維持しえない目標を先進国が掲げ続けることに意味があるのか疑問をもち、そしてゼロ成長が続く日本を研究することとした。やがて「下村治」という経済学者に行き着き、彼を再考しようという私の存在を知った。だからインタビューしたいと申し出たとのことだった。

海外からこういう発想をもつ人物が出てきたことを非常に嬉しく思ったと同時に、北欧型資本主義についても、もっと学びたいものだと思ったものである。

＊ウイレム・ブイターの「ゼロ成長論」

この下村博士の「ゼロ成長論」が現代では世界経済にそのまま適応されるということを、ウイレム・ブイター（シティバンクのエコノミスト）が語っている。慶應義塾大学の竹《たけ》森俊平《もりしゅんぺい》教授は、いっしょに勉強会をもつ仲間だが、彼の近著『ユーロ破綻　そしてドイツだけが残った』（日経プレミアシリーズ）に、彼が翻訳したブイターの「日米欧ゼロ成長論」が紹介されている。教授の翻訳を紹介させていただく。

「ユーロ圏、イギリス、アメリカ、それに日本にとって、経済を成長路線に戻すことができるような、政治的に実行可能な財政・金融政策は、今後、長期にわたって存在しません。（中略）財政が持続不可能な状態にある主権国家は、さらなる緊縮財政政策を実施するか、さもなければデフォルトもしくは債務リスケジューリングをするかの選択に追い込まれます。（中略）『ケインズ的なラッファー・カーブ』が存在するという証拠はまったくないのです。ですから緊縮財政政策は、それが政治的に実行可能である限り、機能します。つまり、それは経済活動と成長にマイナスの影響を及ぼす一方で、財政の持続可能性を増加させるのです」

竹森教授はブイターの論を「単純でいて、なんと清々しいコメントだろう」と評価している。私も教授に同意する。

＊世界的大不況到来の覚悟がいる

竹森教授は同著で、「ユーロ持続」と「ユーロ崩壊」の可能性を分析されたが、結論は後者の可能性が高いということで、筆者と同じ側にいる。

彼の結論は「かくして、ユーロ圏全体に広がる政治的混乱の中でユーロ崩壊が起こるのだろうが、その前に各国は自国にあるユーロの流出を防ぐために、徹底した資本輸出の規制を実行する。ユーロが国外に消えるのを防ぐため、輸入障壁も設ける。戦後、50年にわたり営々として続けられてきた『欧州統合』は、統合崩壊の逆バブルに巻き込まれ、欧州は閉鎖経済へと回帰を始める。その後、欧州はもちろん、世界経済全体が混沌に沈む」というものである。

「世界的大不況を覚悟」と下村はいった。竹森教授は、今日、まったく同じことをいっておられる。これが「結論」なのだ。

しかし、それは本当にたいへんなことだろうか。少々生活水準を落としたとしても、戦後の焼け野原に戻るわけではない。国が滅亡するような状況ではなく、虚構を廃し、メッキをはがし、贅肉《ぜいにく》を落とし、むしろ健康体に向かうとは考えられないだろうか。リーマン・ショック以降、世界はこの「世界大不況」を経験しているかのように見える。しかし、十分ではなく、まだより大きな深みが来ると考える。

現在、世界の中央銀行がバランスシートをGDPの三割程度の規模まで膨らまし、さらに今後も膨らますといって、直接、間接に国債を買い支えている。本来禁止されている「財政に代わる金融政策」を進めているのだ。そして実質ゼロ金利である。かつての人類史にない長大なバブルが国債市場で形成されているが、このバブルは支えきれるものではない。必ず破裂する時が来る。それが「二番底」である。それを避けるため、またはそれが起こった後には(確率としては後者の可能性のほうが高いと思うが)、根本のところからわれわれの経済社会を立て直さなければならないが、この根本対策には何ら手がつけられていない。

バーナンキ(米FRB議長)、ドラギ(欧州中央銀行総裁)、黒田(日銀総裁)の三中央銀行総裁は、残念ながら汚名を残すこととなろう。「山の下り方は知らないが、そこにある山を登る」という政策がいかに無責任なものであったのか、彼らは思い知らされるだろう。白川前総裁はこの三人と比べ、その発言を丹念に読むと、より抑制的である。しかし彼の見識は「日銀」という組織の決定には生かされなかったように思われる。インフレ率二％を受け入れた時、彼は「なぜ正しいと思うことが、組織になるとできないのか」と悩んだのではないか。しかし、人事権を政権に握られている日銀の力は弱く、実態は政治に対する譲歩の連続で終始してしまった。そして日銀は黒田総裁を迎えてしまった。

＊中央銀行の過ち

前述のドイツのハンスウェルナー・ジン氏の意見は正しく、「お札を刷っていれば万事解決に向かってゆく」という彼らは、誤った政策を出した汚名に甘んずればすむが、各国国民は大きな実質的な被害を負う。特に次世代を担う人々が気の毒だ。

この議論に関して最後にジョン・テイラー、スタンフォード大学教授が、二〇一二年一二月二二日付の日経新聞とのインタビューに答えて、左記のように語ったことを記録しておく（一部、文章に変更を加えてある）。

「（ＦＲＢが量的緩和を強化し続けているのは）誤った方向だ。二〇〇九年以降の量的緩和は効果がないうえ、政策の行方を不確実にした。ＦＲＢの政策への観測ばかりが市場を動かすようになり、市場の本来の機能も奪われた。緩和策からうまく撤退できるのか不安だ。素早く撤退しないとインフレが起こるが、早すぎれば景気を後退させる」

「量的緩和の効果は誰も予想できない。企業は金利見通しが不透明だから、資金調達や経営に慎重になった。これが景気の足をひっぱっている」

「低金利を長く続けるとのＦＲＢの約束は長期金利に影響を与えた。だが量的緩和が国債利回りをどれだけ余計に押し下げたかは分からない。株価もＱＥ３（量的緩和政策第三弾のこと）開始後に上げたが、すぐに開始前の水準を下回った。短期のアナウンス効果しかなかったのではないか」

「ＦＲＢが国債を買えば、政府は財政赤字を出しやすくなり市場の規制が働かなくなる。中央銀行は結局は政府の一部門で、金融、財政政策は共鳴する。１９７０年代に政府が介入的な政策を行った時は、ＦＲＢも金融を緩和しすぎて結局インフレを招いた」

「ＦＲＢの今の行動は事実上の国債管理だ。財務当局が本来担うべき行動に深く関与している。準備預金の急増を考えれば、マネタイゼーション（中銀による財政赤字穴埋め）は起き始めている」

「（失業率を利上げの条件とするＦＲＢの新基準は）いいアイデアではない」

「財政金融政策ともに近視眼的になっている。金融政策が出来ることは少ない。むしろやりすぎが弊害を招くだろう」

以上のテイラー教授の意見に私はまったく賛成する。同教授は政治圧力への対処として過去、毅然《きぜん》とした態度をとったポール・ボルカー元FRB議長を評価している。

「ボルカー元議長も就任直後は利下げで失業を減らせと圧力がかかったが、跳ね除《の》けた」

今求められる価値観

＊人々のためになる経済政策

新しい経済社会を標榜するにあたって、われわれがまず必要とするのは、基盤となる価値観の形成だ。私はその価値観とは「人間の尊厳」に対する配慮だと確信する。経済的視点からだけではそういう大きな視野を得ることは難しい。この点、今は亡きローマ法王、ヨハネ・パウロ二世はこのような言葉を遺している。

「人間は、ものの奴隷、経済組織の奴隷、生産機構の奴隷、生産物の奴隷となってはなりません。純粋に物質主義的な文明は、人間をそのような奴隷へと押し下げてしまうのです」

「わたしたちは、成長の限界と危険から教訓を学び取らなくてはなりません。できるからといって、何でもしてよいのだと考えてはなりません。禁欲、抑制、諦《あきら》めなどなど、これら古くからの徳目は、突然新たな緊急性を獲得し、ふたたび現代的なものとなりました。それどころか、人類が明日も生き残ることができるために必須《ひっす》のものとなったのです」

「経済と労働に関するすべての考察の中心には、つねに人間が存在していなければなりません。（略）人間の不可侵の尊厳に対する配慮がつねに決定権を持たなくてはなりません。人間の尊厳に対する配慮は、単に労働者個人に対するだけでなく、その家族に対しても、また、今、生きている人間に対するだけでなく、将来の世代に対しても払われなくてはならないのです」（以上、引用はすべて『世界を愛で満たすために』女子パウロ会）

このような指導者の遺訓から学ぶことが何よりも重要だ。また個別具体的な政策はそれを反映したものでなければならない。

基本的なことは「数を追うこと」を止め、「質を問うこと」に頭をすっかり切り替えることだ。ＧＤＰの額とか、成長率とか、そうした数字は「結果」として出てくるもので、目標とすべきものではない。そこが私の訴えたいポイントであり、人々のためになる経済再建を考える原点だと思う。

＊政治家とエコノミストにはご注意を

私はここに世界の指導者の声を基準とする考えを記したが、経済政策の本質を議論する時には、政治家や多くのエコノミストの意見は極力排除するよう努めていることを明記しておきたい。

三八年間、金融界で仕事をしてきたので、私は常に多くのエコノミストの声を追い、その著作を読んできた。その結果、現代の多くのエコノミストは、「時の政権に媚《こび》を売り、自ら御用学者となって政権に入り込もうとする者」「そのためには目先の経済をよく見せる非常にテクニカルな政策に走り、国民の幸福など露ほども配慮しない者」「自らの発言が市場に影響を与え、株式、債券、為替相場が動いたりするとその陶酔感に酔いしれ、市場とダンスすることこそ生き甲斐《がい》と思う者」が残念ながら非常に多くなってきた。

政治家はまた彼らをもてはやし、その論調に乗ろうとする。

ここまで話すと、読者の頭にも多くのエコノミストや政治家の顔が浮かんでくるだろう。

セントラルバンカー（中央銀行総裁）の中には、アメリカのポール・ボルカーや日本の三重野康《みえのやすし》氏など、優れた見識の人がいた。しかし、これも怪しくなってきた。

国民経済を、「目先の選挙」だけが目的の政治家たちと、その「御用学者」に牛耳らせてはいけない。少なくとも国民は、彼らに騙《だま》されないように気をつけるべきである。

ここにイノベーションがある！——変わるエネルギーと医療

＊今問われるエネルギー対策

経済成長は、真に国民が必要としているものを生み出すイノベーションによってもたらされる。海を渡る必要から造船業が生まれ、その船を壊れない鋼鉄で造ることから鉄鋼業が進化し、東京と大阪を短時間で行き来できるように新幹線ができ、地上では踏切が交通の邪魔になることから地下鉄が発展した。このように、国民的課題を解決する技術革新が起きて、初めて実需に応える経済活動が活発化し、その結果ＧＤＰや成長率の数字も上がるのである。「インフレ目標二％」というような数字を唱えて、お札を刷ればよいというものではない。

日本には物が溢れている。しかし、それでは新しい国民的課題はないのだろうか。いや国民的課題、未解決な問題は山とある。都市の防災対策はその一つだろう。東海地方の海岸線を地震や津波から護るということも大きな課題だ。高齢者医療も国家的な課題だ。

いくつかの国家的課題に関して、いかなる発想の転換をすべきかを述べたいと思うが、まず第一に原発を採り上げよう。

日本は成長を急ぎ、電力が必要だと原発を大量に建設したが、安全に関してはまったく担保されていなかった。政府も電力会社も歪曲《わいきょく》した情報をもとに「安全神話」をつくった。経団連の重要ポストを電力会社のトップが占め、政治献金をコントロールし、原発政策を進めた。そして破綻した。事故が起きた際の偶発債務への対応資金は準備されていなくて、ほとんどが国民負担となった。民主党は三〇年後の脱原発方針を打ち出したが、自民党はこれをひっくり返し、海外にも販売しはじめた。また財界は自民党の復活を大いに喜んでいる。

これでは国民不在、業界保護の発想から一歩も脱却していない。原発は電力コストが安いというのはまったくの嘘だ。それは、事故を起こせば、原発一基当たりの補償金が一〇兆円単位で発生することをまったく考慮していないからだ。だいたい原発の偶発債務を保証できるような金融機関が存在していない。そして安全運転も担保されず、使用済み核燃料の最終処分方法さえ確立されていない。ドイツなどが原発廃止を宣言したのは、こうしたコストを勘案すると、原発維持によって必要とされる電気料金の引き上げ幅がとても国民の負担できるシロモノではないと判断したからだと聞き及んでいる。

＊補助金なしで成立するものを

アメリカ政府はケネディの時代に「月に行く」と宣言し、この宣言のもとにNASAを中心に大きな技術革新が起こった。現在は「がんを克服する計画」を「ムーンショット」と命名し、この大きな課題に挑んでいる（詳しくは後述）。日本は「三〇年後に原発をすべてなくす」という宣言をし、その実現に世界中の要素技術を集めて挑む時、大いに技術革新を起こし、新産業を産み出すことができるだろう。「意志あるところに道は拓ける」が、意志のないところに道は拓けない。

これからのエネルギー確保の中心は原発ではなく、安価な天然ガスと、ガスからの発電、発熱、冷房を行う燃料電池（水素社会への移行）にあるべきだと考える。最近の日本からの報道によると、日本の天然ガス輸入産地が多様化され、異常に高い輸入価格が大幅に低下する可能性が高まっているようだ。安くなってもアメリカほどでないが、それでも朗報だ。

先日私が参加している小さな勉強会に、前国際エネルギー機関事務局長で、現在日本エネルギー経済研究所顧問の田中伸男《たなかのぶお》氏に来ていただき、シェール革命とエネルギー安全保障戦略に関して講義していただく機会を得た。その講義の中で、田中氏は日本のエネルギー戦略の一つとして「ひょっとして大化けする可能性がある」技術として千代田化工建設が開発中の「メチルシクロヘキサン（ＭＣＨ）」の活用による水素輸送と貯蔵革命に関して説明して下さった。水素を取り扱う上で一番大きな問題の一つは「水素爆発」を防止するために、高圧に耐える貯蔵タンクを用意しなければいけないことである。ＭＣＨは特別の触媒の開発により、それほどの高圧タンクを準備しなくとも貯蔵、輸送を可能にするという。

こうした技術と第二章で紹介するコンバインド・エナジーズ社の「新型設置型燃料電池（一台で発電、暖冷房、車への水素供給が可能。大きな蓄電池の併用を必要としない）」を組み合わせれば、水素社会へ一挙に飛び、脱原発を容易にするだろう。原発維持、再稼働に巨額の資金を費やすかわりに、その資金を使い、日本は一挙に水素社会への移行を目指すべきだと確信する。

地熱発電も日本では将来性が高いだろう。今は風力、太陽電池が脚光を浴びているが、残念ながら両方ともコストは高く、風が吹かない日、台風が来て日本中、雨や曇り空という時には、結局別のバックアップが必要だ。風力や太陽電池がまかなう電力は、これまでにドイツが大きな補助金政策でなし遂げた、せいぜい全体の二割だろう。

太陽電池も、風力も、エタノールもバイオディーゼルも補助金頼りで、どこの国でも補助金が切れると同時に、産業が崩壊するということを経験してきた。補助金なしには生きていけないものにのめり込むことに、私は基本的に反対だ。この分野にはすでに強欲な金融資本が入り込み、補助金（他人のお金）で建設し、補助金がある間に株式公開するなどして売り抜き、たっぷり利益を取った後は「知らん顔」でほっぽり出すような輩《やから》が「濡れ手に粟《あわ》」を摑《つか》もうとたくらんでいる。後始末は常に納税者に回され、国民負担となる。日本のような国家債務が世界でも抜群に高い国では、遠くない将来に補助金行政は壁にぶつかるのは目に見えている。

それらに比べて、次世代燃料電池はエネルギー効率が極めて高く、エネルギーコストを現行よりも大きく低下させるのであり、補助金頼りに普及させるものではない。火力発電所では、発電時点でエネルギーの六割を熱で発散してしまい、使えない。燃料電池はエネルギーの九割以上を電気、熱または熱を交換した冷房として使える。

そして、燃料電池の原理は、学校で習った「水の電気分解」の逆なので、廃棄物は「水」だ。燃料電池により分散型の発電、発熱、冷房システムを構築すれば、それは集中型発電の大部分を置き換えることができるし、燃料電池車への水素供給、ＥＶ（電気自動車）の充電もできるようになる。

＊「パーソナライズド・メディスン」の時代

次に医療だが、民主党政権の時代に、ある厚生労働副大臣に会い、私は次のような話をした。

副大臣が財政カットへの対応でたいへんだというので、私は厚生労働省は、これからは「収益を生む省」に変身しなければいけないのではないか。そしてそれはライフサイエンスの一層の振興によってもたらされる。そのきっかけをつくることは難しいことではない、と切り出した。

今日本はあらゆる新薬、新医療機器の承認において、必ずアメリカ、欧州の後となる。役人は三番目で承認していれば仕事をしていると思っている。これは私にいわせれば、「役人のさぼり」だ。三番目にしか承認が下りない国で、どうしてイノベーションの競争に勝てるだろうか。人より先にするから「イノベーション」になるのだ。「まねした電器」ではイノベーションではない。

日本が新薬、新医療機器の承認において常に世界でトップの国となれば、世界中の創薬・医療機器ベンチャーが日本に集まってくる。国民も最先端医療を受けることができる。こうした技術は簡単に途上国との価格競争に負けるものではなく、日本人を食べさせていける。今後重要な新産業はライフサイエンスであり、その振興の中心的な役割を果たすのが厚生労働省のはずである。

今後の医療革命は〝個別化医療〟「パーソナライズド・メディスン（テーラーメード医療）」への転換で、その元となるのは遺伝子情報の収集だ。厚生労働省は日本の全国民の全遺伝子解析情報（ホール・ジノーム・シーケンシング）の確保をすぐにでも計画し、パーソナライズド・メディスンの推進において世界のトップに立つことを目標とすべきである、と進言した。

もっとも、この厚生労働副大臣は、残念ながら消費増税に反対してさっと副大臣を辞任してしまった。厚生行政よりも、政局のほうが大事だったのだろう。さらに民主党政権も消えた。私がこんな提言をしても、まったく無意味だったということである。

＊個人の全遺伝子情報解析が一〇〇ドルで！

人間のすべての遺伝子情報を集めるとどんなことができるのか、例を示してみよう。たとえば、アルツハイマーや特定のがんを引き起こす遺伝子についてはすでに分かっている。しかし、こうした遺伝子をもっていながら、そうした病気にならずに長寿の人もいる。なぜ遺伝子をもっていながら発病しないのか？　そこには他の遺伝子の働きがある。

人間の全遺伝子を解析すれば、この秘密を理解できるようになる。こうした人ひとりの全遺伝子の解析を数万円でできるところまで技術革新は進んできた。「病気になった時に治す薬」の発明から、「病気を起こさせない薬」の発明にと進歩する可能性がある。

また二〇一二年九月、全米一とも呼ばれるがん治療センターであるMDアンダーソン・キャンサー・センターは、八種のがんを治す目標をかかげた「ムーンショット」プロジェクトを発表した。その昔、NASAが「人間を月に送る」といった時、荒唐無稽《こうとうむけい》な政策を精神論で打ち出したのではなかった。月に行くのに必要な技術と、既存の技術とを見比べるならば、月に行けない理由はないと考えたからだ。それと同様に、既存の技術の組み合わせと一層の進化により、がんを近未来に克服できないわけはないと彼らは考えているわけだ。そして、官民でこの計画に三〇億ドルの予算を計上した。中には同病院で治療を受けたサウジアラビア皇室の五億ドルの寄付を含んでいる。

彼らの戦略は、まずは安価になった人の遺伝子全配列の解析（ホール・ジノーム・シーケンシング）をし、今度はその遺伝子パターンに沿った、効果の高い薬品をスクリーニングする。このスクリーニングを「ハイ・スループット・スクリーニング」という。

ホール・ジノーム・シーケンシングに関しては、ボストンが拠点の「ノーブルジン」というベンチャー企業が、「ナノポア法」（または「オプティポーア法」）という手法を使い、二〇〇四年には一人当たり一〇〇ドル台でできるようになると発表している。ノーブルジンを興したのはドイツ人で、電気工学を学び、フルブライト奨学金でアメリカのビジネス・スクールを卒業したフランク・ファイストである。

この知恵を生んだのは、米国ＮＩＨ（国立衛生研究所）から資金を得、ハーバード大学とボストン大学で特許を取ったイスラエル人科学者アミット・ミラー先生だ。フランクの会社に最初に資金を出したのはドイツ人ベンチャー・キャピタリストのウオルフガング・オスターや「カプセル内視鏡」を開発したイスラエル企業の元社長のギャビー・メロンらだ。ロバーツ・ミタニの同僚も個人として出資している。こうして、ドイツ人、アメリカ人、イスラエル人などが国境を越えて協力し、チームをつくった。フランクが言う。「うちのプロジェクトに参加しているほとんどのメンバーがパスポートを二つ持っているよ」

ハイ・スループット・スクリーニングに関しては、大日本スクリーンがすでに３Ｄ培養したスフェロイド（がん細胞）を殺さずに連続してスキャニングし、観察できる画期的手法（３Ｄセル・イメジャー）を発表している。

またこれらのシーケンサーやスキャナーから打ち出される巨大な情報を処理する、クラウドコンピューティングシステムについては、すでにセントルイスを拠点とする「アピストリー」という会社が、ペタバイトの情報量を処理できるデータセンターを準備してサービスを開始している。MDアンダーソン・キャンサー・センターでは3Dセル・イメジャーを使った研究が始まっている。

このようにがんを克服するパーソナライズド・メディスンに必要な車の両輪（シーケンサーとハイ・スループット・スクリーナー）と両輪を繋ぐ車軸といえるメガデータ・マネージメント・クラウド・サービスはすでに誕生しているのだ。「核となる要素技術は存在している」。だから、それらを一層発展させ、オーガナイズすれば、この「ムーンショット」は必ずや実現する、と私は確信するのである。

＊新しい教科書が書かれるべき

エネルギー問題、医療問題という、日本の国家的な二つの課題に関して、概略ながら個別具体策を例示したが、いずれも「公共の福祉」を目標とし、国家的課題に「水素社会への移行」「パーソナライズド・メディスンの実現」といった技術革新で応えようとするものだ。その結果、新産業が勃興し、発展途上国との価格競争に陥ることなく収益を上げ、日本人を食べさせていく経済基盤を再構築できるようになる。

今、世界では「見えざる手による効率的な資金配分」が果たされるどころか、政府が金融市場のガリバーとなり、あらゆる証券の価格形成を歪《ゆが》め、放っておけば潰れるゾンビの買い支えに民間に比して圧倒的に大きな金額を投じている。ゆえに、技術革新を担う民間部門には、クレジット・クランチでお金が回らない状況となっている。いくらお金をジャブジャブにしても、ベンチャー企業にはまったくといってよいほどお金が回らない。

中央銀行が行っている「バブル破裂の後遺症を次のバブルの形成で治療しよう」というのは愚の骨頂だが、現在も相変わらずの状況が続いている。成熟社会に適用する「新しい教科書」がないため、何度間違えても同じ教科書を使って同じ過ちを繰り返す。懸念されるのは、やるたびに規模が大きくなってゆくことだ。

円の価値を下げれば、輸出が伸びて経済がよくなるというのも、間違っている。価格競争では中国には勝てないし、その先にはベトナムだ、ミャンマーだと後続が控えている。これらの国に事業を移すには、強い円で投資を進めるのがよい（こうした事業は海外に出れば日本には二度と帰ってこない）。また日本が必要とする新しい技術を買うにも、通貨は強いほうがいい。

アメリカやオーストラリア、ロシアも豊富な天然ガスを手に入れた。こうした安価なエネルギーを買うにも、通貨は強いに越したことはない。高齢者の介護がたいへんな時に、インフレを煽《あお》って彼らの蓄えた資産の価値を下げることも得策ではない。海外、特に途上国から頭脳明晰《めいせき》な優秀な人材を日本国内に惹《ひ》きつけるにも、通貨価値は高いほうがいい。実際、私がアメリカに渡った一九八四年、一ドルは二八〇円と高く、私はドル建て給料を円換算した額に面食らったほどだった。「僕にこんなに払ってくれるの？」というのが正直な感想だった。

今日本に必要なのは、強い通貨であり、その通貨で投資をドンドン進めることである。通貨価値の切り下げ競争を日本が率先して行うなど、古い教科書にしがみつくのは時代錯誤もはなはだしい。

今必要なことは戦後の発展途上段階で採用した「借金して無限の成長を目指す資本主義」の教科書を捨て、成熟社会を目指す新たな教科書を自ら書きはじめることだ。

新しい教科書の表題に「資本主義」という言葉が残るのかどうか、私には分からない。それは、「資本主義の誤用」が問題なのか、そもそも「資本主義が限界」に達したのか、私自身結論を出せないからだ。

しかし、下村博士が「高度成長論者」から豹変し「ゼロ成長論者」になった意義を、ここでもう一度確認することが出発点となることだけは確かだと考える。

第二章

起業家が世界を変える

一　イノベーターの資質

イスラエル人、中国人の台頭

＊起業家スピリットの衰え

前章でわれわれの社会が決してよい方向には向いていないと述べた。特に古い資本主義の教科書を手放さない各国政府に対する失望は大きい。そして、私は真に社会のためになる新技術で新しい産業を興すことが、新たな経済成長を導くための最も重要な要素であることを強調した。

私はここ二〇年、起業家による新しい技術や事業の創造を支援してきたし、そこで多くの立派な地球市民に出逢《であ》ってきた。今の日本が回復しなければいけない最も重要なもののは、起業家精神ではないだろうか。戦後の復興期、日本人には豊富な起業家精神があった。そして多くの優良企業が生まれた。ところが、それらの企業の多くが行き詰まっている。実際に、自分より若い世代の日本の企業人と接していると、いやになるほど起業家精神が萎《な》えていると感じる。活発な経済社会は政府が国民にくれるものではない。民間の一人ひとりの活躍からこそ、ほとばしり出てくるものだ。

本章では、起業家精神とは何か、また起業家精神に満ちた力強い人々の人間像を紹介したいと思う。

＊「イノベーター」とはどんな人々なのか

三年前からロバーツ・ミタニは同じニューヨークにあるコロンビア大学とニューヨーク大学のビジネス・スクールの学生たちをインターンとして迎えることにした。われわれは大手の投資銀行のように、そうしたインターンを本採用のための人材発掘、テスト採用とは位置づけていない。いわゆる大学の「新卒」というのは、このインターン制度から居残ったスコット・レビッツを除いて、採用したことがない。もっとも、彼はビジネス・スクールではなく、ペンシルベニア大学のバイオエンジニアリングの出身だ。スコットは例外として実験的に採用したもので、通常、当社は少なくとも一〇年以上の経験者でなければ、本採用はしない。

しかし、若い学生は大いに刺激を与えてくれるし、彼らのコンピューターによるプレゼンテーション作成技術は、われわれ年寄りよりはるかに優れている。だから、顧客向けの資料の作成などには、実際に貢献してくれる。また中国などわれわれにとって「知らない国」を知るためには、まずはその国から来た人々と付き合ってみるのが一番よい。中国人留学生との付き合いを通じて、われわれが中国を知ってゆくのは、このインターン制度の一つの目標だ。もう一方、インターン卒業生が世界にたくさん散っていけば、われわれのフランチャイズも自ずと広がっていくだろう。当社で若い時代に何かを学び、それがその後の人生の方向性を決めるのに、よい影響を与えるのであれば、私は嬉《うれ》しく思う。私自身、若い時代に短期間だがブラジル住友銀行とバンコ・ミネイロにいたことがあり、大いに刺激を受けた経験をもつ。

*インターンを受け入れた理由

当社がインターンに与えることのできるもの。それは起業家がドンドン当社に持ち込んでくる案件のディール・フローだ。それはビジネス・スクールの教室では決して勉強できない。何件もの案件が毎週持ち込まれ、そのうちの数件を採り上げる。採り上げたら事業計画書を経営陣と徹底議論し、作成し、それを投資家に持ち込む。投資を依頼し、また戦略的な提携を提案する。どこに持ち込むのか。そこではどのような反応だったのか。交渉はどこまで進んだのか。何が交渉のポイントとなっているのか。次のステップは……というようなことをフォローし、経過報告書を纏《まと》めるのもインターンに与える仕事の一つだ。

こうした情報の交差点に身を置くことにより、現実の世界で、どのようなイノベーションが、どのような人によって起こされ、どのような困難と成長の過程を経て、商品化へと向かっていくのかが理解できる。また市場の参加者を現実的に把握できる。

こうした経験は、当社のようなニューヨークのブティック型投資銀行でしかできないことであり、応募者は非常に多い。その特徴は九割が中国人留学生であるということである。加えてアメリカとイスラエルのユダヤ人、インド、韓国。時々、トルコとか、シンガポール、南米の国などが一人、二人、という感じだ。日本人応募者は今年はゼロ。だいたいコロンビア大学やニューヨーク大学のビジネス・スクールに留学してきている日本人はほとんどいないようだ。これまで過去何年かの間に、当社に来たインターンの出身国は、イスラエル二名、中国二名、アメリカ一名、シンガポール一名、日本一名だ。

こうしたインターンを迎えるための選考のインタビューで、最近私はこんな話をする。各人の起業家精神がどの程度あるのかを試すためだ。

◆コロンブスが出港準備していたら君はどうする？

クリストフォロ・コロンボ（クリストファー・コロンブス）という有名な船長が、港に船をつけて、大量の食料品などを積み込み、出港の準備をしているという。同時に船員を募集している。今回の航路は未踏のもので、なにやらインドへの新しい航路発見のためだという。大金持ちの女王陛下が、資金を出しているそうだ。君はそこの港でたむろしている若者の一人だ。君の仲間のうち何人かは「あの有名な船長のコロンボが、大航海に出るそうだ。僕も絶対乗せてもらわなきゃ。こんなことは人生二度と起こらないチャンスだ」と言っている。また別の仲間は「コロンボなんて狂人さ。生きて帰ってなんてこないよ。海賊に襲われるか、台風にあって遭難するかのどっちかさ。海図もないところへ行くっていうのだから異常だ。もしコロンボが無事帰ってきて、二度目に行くときには考えるけど、今回は付き合えないよ」。さて、君はどうする。

◆アフリカに靴の需要があるか？

ロンドンの有名な靴屋の店主が、二人の調査員をアフリカに派遣し、靴の市場の調査をさせた。一人の調査員が帰ってきて報告した。「ご主人。アフリカの人は誰も靴など履いていません。アフリカに靴の需要などありません」。するともう一人の調査員が帰ってきて報告した。「ご主人。アフリカの人はまだ誰も靴を履いていません。ですからアフリカは世界最大の靴の市場です」。さて、君はどちらの報告をする人かな。

これには続きがある。

主人が二番目の調査員に聞いた。「それじゃ君はどうしたいのかね」。すると彼は「アフリカの人すべてを当社の顧客にしたいです」。主人は「そうか、それは素晴らしい夢だな。ところでどうしたら、アフリカのすべての人を当社の顧客にできるのかね」「もちろん二〇〇ポンドも三〇〇ポンドもする英国紳士やご夫人の高価な靴は売れるわけがありません。しかし布製の一足二〇ポンドの運動靴のようなものなら、一部の人は買ってくれるかもしれません。古タイヤを切って作る二ポンドのゴム製の草履だったら、今でもほとんどの人には買ってもらえるかもしれません」

私は子供の頃、六歳から九歳の間をタイのバンコックで過ごした。今から五〇年も昔の話だ。行った当時、バンコックの人々の多くは裸足《はだし》だった。雨季には道路も冠水するので、裸足が便利だった。しかし、日本に帰国する頃には、ほとんどの人がゴムのビーチ・サンダルを履くようになっていた。したがって、前述の英国の靴屋さんの作り話も、あながちウソではないのである。

＊トランジスタラジオと醬油

こうした話をしてから、もう少し現実味のある話へと移る。盛田昭夫《もりたあきお》さんというソニーの創業者の一人はその昔、「トランジスタラジオ」なるものを持ってアメリカにやってきた。彼にとっての課題は「売れるかどうか」の調査ではない。「売らなきゃならない」。それだけだ。そして彼は誰一人ソニーの社名さえ知らない国で、今のソニーの名声をつくり上げた。

君がキッコーマン醬油《しょうゆ》の昔の社員で、社長から、アメリカ担当営業部長になって「醬油をアメリカで売ってこい」と言われたとする。今とは違い、アメリカ人は醬油など誰も使っていない時代だ。寿司もそんなにポピュラーではない。君はどう反応するか。「アメリカで醬油なんて売れるわけがない。彼らはケチャップとマスタードしか使わない。これは最悪の仕事だ。こんな仕事をさせられるのであれば、辞めよー」と考えるのか、それとも「アメリカ人は誰も醬油を知らない。だから僕が売ることに成功すれば、全米三億の国民を僕の客にできる。これほどやり甲斐《がい》のある仕事はない。僕は世界で一番ラッキーな人間だ」と考えるか。さて、君はどちらだろう。

こうした話をしていると、学生の性格がだんだん見えてくる。大半の学生の顔は暗くなってくる。しかし、中には顔が輝いてくる人間もいる。

「僕はレジュメには書いてないですが、中国の大学にいる時、六人の仲間でインターネットのビジネスを始めました。古い新聞屋のアーカイブを手に入れたので、ネットで『あなたの誕生した日の新聞』とか『あなたの結婚した日の新聞』を記念に贈りませんか、というビジネスです。これが割と成功したのです。大学を卒業するので、このビジネスはもう止めましたが、似たようなビジネスは他の人たちが立ち上げていきます。僕がコロンビア大に留学し、他のメンバーも今カリフォルニアやロンドンに留学していますが、その学費はみんなこのビジネスでつくったものです」。私は、「そのストーリーのほうが、このレジュメよりずっと君をアピールすることになるよ」と話した。「こいつは、たくましい。必ず立派に生き延びていく。たいしたやつになるだろう」と、ピーンときた。

なぜゴールドマン・サックスに入りたいのか？

＊有名ビジネス・スクール生の実力

当社のインターンに応募してくる学生たちのほとんどは、「投資銀行に就職したい」と言う。そこで、私は時々いじわるな質問をする。「君は今ゴールドマン・サックスが採用したいと言ってきたら、すぐそれを受けたいのじゃない？」「イエス」「それじゃー、ゴールドマンに入って何をしたいの？」「インベストメント・バンキング」「インベストメント・バンクにはいろいろな仕事があるけど、その中で何をしたいの？」（回答がない）そこでさらに聞く。「ゴールドマンは今パブリック・エネミー・ナンバー・ワン（社会の敵ナンバー・ワン）だよ。なぜそんな会社に入りたいの？　もっとも僕はゴールドマン出身だが」（また答えがない）

質問はそれくらいにして、以下のような説明をする。「僕が一九八四年にアメリカに来てゴールドマンに入った時、投資銀行はゴールドマンのほかにもファースト・ボストン、ソロモン・ブラザーズ、リーマン・ブラザーズ、スミス・バーニー、シェアソン・ローブ・ローズ、ドレクセル・バーナム・ランベール、キダー・ピーボディ、アレックス・ブラウン、ロバートソン・コールマン、ハンブレヒト・クイスト、ドナルドソン・ラフキン＆ジェンレット、ディロン・リードほかたくさんあったんだよ。でも、今挙げた名前は全部消えた。ＪＰモルガンは元はといえばケミカル・バンクが買った銀行。モルガン・スタンレーもディーン・ウイッターに買われたんだよ。これから五年後、ゴールドマンが存在しているかどうか分からないよ」

ここまで話すと、「寄らば大樹の陰」もしくは「みんながゴールドマンに入りたいと言っているから」程度の頭の青年は、若干青ざめてくる。自分の偶像を壊されたくないのである。私は彼らを見ていて、ビジネス・スクールとかで勉強しているようだけど、本当に大事なことをしっかり捉え、考える能力に欠けていると思う。「自分の足でしっかり立ち、自分を支えること」の重要性をきちっとわきまえている青年は、有力なアメリカのビジネス・スクールでも、意外に少ないというのが私の実感だ。

＊ジャンクヤード・ドッグという褒め言葉

私が「日本人個人としては初めての米国投資銀行」設立に至ったのは、二〇年前のことである。新商品を生み出すこと。クライアントが一人でも多くの顧客を得るように支援するため、自分たちもいっしょに飛び込むこと。新しい航海に出ること。不思議と私は何も「リスク」とは感じなかった。「自分の進む道のどこに穴ぼこがあるか」とか、「誰が後ろから襲ってくる可能性があるのか」とか、「誰が梯子《はしご》をはずしそうか」とか、そういったリスクには極めて敏感だ。そういうリスクはプンプン臭《にお》ってくるが、一方、「新しい航海に出ること」は愉《たの》しくて愉しくてしょうがない。

起業家精神というのは、上司や教師（メンター）の指導を受けることが必要である。また、その指導とは教室で受けるようなものではない。その指導の本質はただ単純に「君に任せるからやってみろ」ということではないだろうか。だだっぴろい世の中に放り出して、「どうにか自分の足で生きていってほしい」という程度のものだろう。アメリカではちょっとやそっとのことではくたばらず、何とかして骨を拾ってきては生きている犬を「ジャンクヤード・ドッグ」という。私も顧客のために、必要な資金をどうにか最後まで頑張って見つけてくると、「ヒデキは真のジャンクヤード・ドッグ」だと言われる。決して言われて嬉しい表現ではないのだが、「ゴミ捨て場の野犬」というのは、「褒め言葉」なのである。

私は息子と同じ年代の日本の若い人にも「起業家精神とはなんぞや」ということを教えたいと思うが、これがなかなか難しい。これぞと思った青年でも、「まだ序の口」じゃないかという程度の困難に遭《あ》うと、さっさと尻尾《しっぽ》を巻いて、どこかへと消えてゆく。起業家精神など必要としない世界で、結構いいお給料を貰《もら》えるからだろう。

起業家になりそうな青年は、日本と比べるとアメリカやイスラエルに、圧倒的に多数いるように思われる。たぶん中国もそうだろう。大発明をしないまでも、一国一城の主となり、「自分で自分を雇いたい」という願望は、多くの人の心の中に強くあるように思われる。

＊日本の会社にとっての新規事業

ここ二〇年間、日本の企業にイノベーションへの参加を促し続けてきた。中には以下に紹介する立派な起業家精神に満ちた社長や会社もある。しかし、それは一割にも満たない。九割の会社の人々に私が言わなければいけないことは、「人より先にするからイノベーション。人より後に始めるのではイノベーションにはならない」ということだ。しかし、日本企業の新規事業開発部の仕事のほとんどは、「人が商品化して成功しているものを真似すること」、または「人が行ったイノベーションを自社に取り入れること」で、真のイノベーションからは程遠い。

「イノベーションを起こそうとするときに『待つ』という選択肢はない」ということも、なかなか聞いてもらえない。日本では「他がどうするのか待ってみる」という人がほとんどである。それでは他に抜かれてしまう。

「日本発」というものがなかなか出てこない。自分で始めなくとも、せめて「世界でイノベーションに熱中する人々といっしょになって仕事したら？」と誘っても、まったくといってよいほど乗ってこない。少々興味を示しても、やり通そうとしない。ちょっと壁に当たると「選択と集中」などといって、すぐに投げ出し、また別のものに飛びつくか、楽そうなものを探す。『タナボタ』なんてありませんよ。『五年で成功して転売』なんて起きませんよ。一〇年がかりの仕事ですよ」と覚悟を促すと、すぐ逃げてしまうのである。

ソニーやキッコーマンの例にもあるように、日本人は決して起業家精神に劣る民族ではなかったはずだ。これは豊かになったことの逆の成果なのだろうか。おおよそ科学を多少齧《かじ》った者なら、「何か発明したい」とは思わないだろうか。もし商人ならば、「一人でも多くの顧客を獲得したい」と思わないだろうか。

アメリカと日本の最も大きな違いの一つが、この起業家精神の存在の有無だろう。ここでも中国人の台頭には、目を見張るものがある。今のような日本では、国別イノベーションの競争で、アメリカにも中国にも勝てるわけがないと感じる。そこにあるのは少々のギャップではない。天と地ほどの格差が存在する。

読者の中に、「コロンブスの船に乗りたい人」「アフリカの全員に靴を履かせたい人」「アメリカ人全員に醤油を使わせたいと思う人」は、どれくらいいるだろう。

世界には未解決な問題が無限にあり、それに挑む機会も無限に存在している。人が、人のため、世のために働き、新しい技術や事業、産業を生み出す機会は、無限に存在しているのである。そして、仲間を集めて、そうした課題に挑戦することは、素晴らしい人生を提供してくれるものと信ずる。「人間復興なくして経済復興なし！」それは社会のためであると同時に、人それぞれの人生を実りあるものにすることに通ずる。

次に、人間復興のために技術開発を推進する人々の真摯な姿、エキサイティングな姿を紹介してみたい。

二　ここに真のベンチャーがいる

アリゾナの砂漠に展開する新農業

＊高収益のピスタッチオ栽培

カリフォルニアに住む伊藤茂人《いとうしげと》君は、私の大学時代からの友人だ。シゲトと奥様のジョアンナ、そして私と家内の四人は、早稲田大学の「国際学生友好会」というサークルでいっしょに活動した仲間だ。シゲトは早稲田を卒業すると、電子機器の専門商社に入り、アメリカのテキサス、オーストラリア、パリに駐在した後、カリフォルニアに落ち着き、子供二人を育て上げ、今は悠々自適の身である。毎日サッカーをし、料理が大好きで、みんなが集まるときはコックのいでたちで「エグゼクティブ・シェフ」の役割を演じてくれる。静岡の実家ではお茶も育てていて、茶摘みの時期には日本に手伝いに行く。

そんなシゲトが、ここ数年、クリスマス・カードに「ピスタッチオ果樹園の経営を手伝って、たいそう愉しんでいる」と書いてきていた。最初のうちは、「へぇー」と思う程度で他人事だったのが、今では私も日本の友人、アメリカの友人、そして会社の仲間も誘っていっしょに投資するようになった。

アメリカのイノベーションの話で最初に出てきたのが「ピスタッチオの果樹園」という「農業」では、何か不釣り合いに思われる読者もいるかもしれない。そのように想像して、あえてこの話題を最初に持ってきた。アリゾナの砂漠を果樹園に変える作業は、実は「イノベーションの総合芸術」といってもよいほどの「ハイテク」の塊であり、成果なのだ。

この仕事は、地質学、気象学、育種学（植物バイオロジー）、灌漑《かんがい》、樹木育成、農業経営、金融、税法、会計、貿易ならびに流通に精通していないとできない。アメリカは「大規模農業」の先進国ではある。しかし、その大部分は政府の援助をあてにした、小麦とか大豆とか一年物の、収益性が低く、投機家に煽《あお》られ価格変動が極めて激しいものを育てている。大規模には行っているが、農民はそれほど豊かではないし、ＧＤＰに占めるシェアも落ちてゆく一方だ。

ピスタッチオの実

しかし、これから紹介するバート・ヒューラーが行っている果樹園開発と経営は、職がない地域によい給料を支払える新しい産業を興し、砂漠を緑化し、栄養価の高い食料品を生産するだけではなく、そのほとんどを輸出して外貨を稼ぎ、株主には安定性の高い高配当を一〇〇年でも継続することができる。今年八四歳になるバートは元は歯科医だった。それが、四〇年前にカリフォルニアで副収入づくりにアーモンドの果樹園を始めたことが契機となり、今では全米で三位、アリゾナではトップの果樹園経営者になってしまった。シゲトや私はいっしょに投資し、主に資金調達を手伝っている。

＊ランボーが生まれた街

それではこの仕事の特徴をお話ししよう。まず

この砂漠が富を生み出す（アリゾナ）

「場所」であるが、アリゾナの南東部の、ボウイとサン・シモンと呼ばれる地域だ。フェニックスから国道一〇号線をひたすら西に三時間走ると、この地域に到着する。途中にある名所というと昔の西部劇ファンなら覚えているであろう、「ＯＫ牧場の決闘」が行われたトゥームストーン（墓石）という名の街くらいだ。ボウイという町の名前など、アメリカ人でもほとんど知らない。ただシルベスター・スタローンが演じた「ランボー」という映画には、「どこから来たんだ」と聞かれて彼が「ボウイ・アリゾナ」と答える場面があるという。

この地域では一九七〇年代までは綿が栽培され、街は賑《にぎ》わっていたという。化繊に負けたところにオイルショックで石油が高騰し、完璧なダメージを受けて潰れたという。現在ボウイの街に残

気候の変化をモニターする

るのは、牢屋《ろうや》、図書館、郵便局、教会、一軒の雑貨屋、ほんのいくつかの住宅くらいで、後は壊れたままの旅館やアパートなどがあり、まるでゴーストタウンに近い。バートたちはまず二〇一一年までに、ボウイに二〇〇〇エーカー弱のピスタッチオ農園を開発し、従業員を雇うと、早くも地域一番の雇用主になってしまった。二〇一二年からはさらに、その東のサン・シモンという地域で六〇〇〇エーカー（ゴルフ場二〇〇個分に相当）のピーカン果樹園開発を進める。

ここでは一部の土地にピーカンやピスタッチオが三〇年育てられてきた。それを行ってきたのは、バートのパートナーであるクック一族とほか二家族の人たちだ。また牧畜の飼料となるアルファルファが育てられているが、これは一年草の収益性の低い農業だ。何も植えられたことのない広

バート（右から２人目）とシゲト（右端）

大な土地は砂漠となって広がっている。
　地表には通常、川は流れていないが、時にはちょろちょろとした川になることもあり、そうした川筋にはたとえば「サン・シモン川」というような名がついている。しかし、地表には川は見えなくても、地下では豊富な水が流れているのだ。
　バートたちは航空写真や測量で、どこに豊富な地下水が流れているかを調べることができる。そして地上の年間気温の変化も調べる。ピスタッチオやピーカンを育てるのに適した土地は、霜が下りても困るが、一方「樹木が冬眠する」寒い季節も必要なのだ。こうしてバートたちは、果樹園に適した砂漠を見つけて買収する。「土地を買っているというよりも水を買うのだ」と彼らは言う。
　そして井戸を掘り、土地を大型トラクターで整地し、灌漑施設を作り、果樹園へと変えていく。土地を買ってから、樹木を植えるまで整地に必要な期間は六ヵ月もかからない。キャタピラー社の「D10」という大型トラクターの威力はすさまじい。ドンドン土地を開墾してしまう。

その土地に苗木を植えるが、ピスタッチオの場合は、カリフォルニア大学バークレー校で開発された苗木を使う。組織培養（クローン）でつくられたもので、地下によく根を張り、黴《かび》などに強い抵抗力をもっている。ピーカンの場合は、品種改良を重ね、種から育てた三年目の苗木を植える。これらの品種改良の成果は特許に護《まも》られている。ピスタッチオの場合はさらに、苗木が育ちはじめると、収穫の大きな種の芽を「つぎ芽」する。こうした樹木は六年目から相当な量の収穫をもたらす。手がけてから収入になるまでは六、七年待たなければならないが、それ以降は投資額に対して一〇%から三〇%のリターンをもたらすようになる。資金が永く寝るので、資本力の乏しい農家では参入したくても参入できない。そこで、バートたちは年金など長期運用目的の資金を金融投資家から集めて事業を拡大してきたのだ。投資家のほとんどは歯科医、医師などバートの昔の同業者だった。私が手伝うようになり、日本の投資家も参加するようになり、また富裕層の家族の資金も少しずつ入るようになってきた。

農薬の散布、剪定《せんてい》、収穫などはすべて機械化されている。農業といっても労働集約産業ではない。収穫の七割以上は輸出され、外貨を稼ぐ。なかでも急速に伸びているのが中国向け輸出だ。中国からの輸入品が溢《あふ》れるアメリカのような国で、対中国輸出を伸ばしている貴重な産業となりはじめた。

ピスタッチオもピーカンも気候の制限などで、世界でも生産できる適地は極めて限られる。生産者が限られるので、シカゴの商品取引所で先物取引されるというようなことが起こらず、価格形成力は大生産者が握っている。こうしてピーカンやピスタッチオの栽培は土地単位で最高の利益をもたらすナッツ産業となっている。バートは「グローバリゼーションにより、家電、自動車など多くの産業が衰退した。そうした敗者も生まれたが、われわれはグローバリゼーションを機会として捉《とら》えた勝者だ」と胸を張る。

＊天気を読み、人を大事にする

バートはこの事業の成功、失敗は天気のせいになどできない、すべてマネージメントだと言う。たとえば霜が来そうになったら灌漑用のホースに摂氏約三〇度に温めた水を流す。こうすることによって霜を防ぐことができる。果樹園中の気温をオンタイムで把握するために、温度計と本部を無線で繋《つな》ぎ二四時間監視体制をとる。「農園はお天気任せではない、経営次第だ」。それが彼の口癖だ。

バートは人を大事にする。従業員を大事にしなければ、従業員は樹木をかわいがらない。彼は従業員に時給一五ドルを払う。これはこの地域ではよい給料だ。「よい給料」という前に、ボウイには就業の機会さえ、ここ数十年存在していなかったのだ。

バートはまた質流れになったモービル・ホームを買ってきて、社宅も準備してしまった。こんなことをしてくれる雇い主は他にはいないのである。そして、従業員はだんだんとハイテク果樹園経営に関して学び、手に技術を身に付けていく。彼らの子供たちは、きっと大学に行けるだろう。

＊私の中のベストの投資

このバートが起こした事業への投資は、私が生涯で行ってきた投資の中で、最もよい投資となったものの一つだ。金にいくら投機しても、量も変わらず、実もつけず配当もしない。ただ値上がりに投機するだけだ。「投機」と「投資」の違いは、金と果樹園を比べれば、明確に捉えることができる。

バートはこの上なく株主を大事にする。前述のように、砂漠の開墾を始めてから樹木が育つまではリターンはない。六、七年目からは投資額に対して一〇％から三〇％程度の配当を毎年出すようになる。彼が自分の報酬を得るのは、収穫からである。投資家が収穫を得なければ、彼の収益もない。

彼は年中株主にメールで果樹園の状況を報告するし、その文章の始まりはいつも「予定より早く、予算を上回る成績を収めた」というものだ。彼は投資家が利益を上げるまで自分が報酬を得ることを拒否する。こうした「強欲資本主義」のまるで逆な経営をする経営者は、アメリカでは希少となってしまった。しかし八四歳のバートの生きてきた時代には、あたりまえのことだったのだろう。

バートの会社は昨年、より大きな資金を調達するために、株式を公開することを検討した。しかし、私を含めて相談を受けた者は全員が、「公開したらもうバートがこれまで続けてきたような経営は続けられなくなる」と反対した。バートの会社は、果樹園を所有し経営することに興味をもつ限られた数の株主により、いわば相互会社のように経営されている。それは旧式のように見えて、実は今後の企業経営のあるべき姿を示している。

＊成果を出した農家に税制メリットが与えられる

今日本では農業部門を護るためのＴＰＰ反対論が大きい。しかし、この果樹園の例にあるように、中国などに負けない農業を構築することは可能である。アメリカ政府は農業を支援するが、その支援法でバートの果樹園経営が享受しているものは、輸出で得た所得に対して国内販売で得た収益より所得税が低くなるとか、ピスタッチオで一〇〇年、ピーカンで六〇〇年の命だが、税法上の減価償却は一〇年と加速度償却できるというものだ。すなわち、投資して、稼いだ者に対して与えられる褒美で、日本の減反で保証金を貰うものとは対極にある。日本の農業を国際的に競争力あるものに変革することは、可能なはずだ。それは農業を超ハイテク産業に生まれ変わらせることによって可能となる。

＊資金の集め方

この砂漠の緑化プロジェクトにお金を集めるにはどうしたらいいのか？「砂漠に木を植えるプロジェクト」にすっとお金を出そうという人はなかなかいない。そんな人を説得するのに一番効果があるのは、バートに会ってもらうことだ。今まで金融のスペシャリストから家庭の主婦まで、いろいろな人に会ってもらった。誰もがこの古老の迫力に圧倒され、その起業家精神に感銘を受ける。

「この事業のリスクは何か？」と聞けば、バートの答えは、「一にマネージメント、二にマネージメント、三にマネージメント」。その「マネージメント」とは誰のことか。彼自身に他ならない。バートは絶対に逃げない。

私が最初に一口投資を決めた時、彼が全社員に回したメールがある。そこには「ヒデキはウォール街の投資銀行家で、これから資金を集めてもらうことにしたが、彼はまずは自分が投資してみて、われわれの事業を経験したいという。この一口はとっても重要なもので、彼の信頼を克《か》ち得ないことには、道は拓《ひら》けない。いいか、何もかも予算以下、予定よりも早く達成しなければいけない。みんな分かっているな」と書いてあった。

また私が仲のいい友人を招いて投資すると、その感謝のメールには、「君は君のお金だけでなく、君の親友のお金を投資してくれた。友情がリスクにさらされる。そこまでするほど私を信用してくれたことに感謝する。必ずや君を失望させないように結果を出す」

バートは古き良きアメリカ人の開拓者魂を継承している、本当に数少なくなった経営者だ。バートから「起業家とは何ぞや」ということを読み取ってもらえるのであれば、たいへんありがたい。これから三年後にでも、アリゾナで国道一〇号線を東へ東へと走れば、国道沿いにできた素晴らしいピスタッチオとピーカンの果樹園を目にすることができるだろう。そこはかつてはただの砂漠だったのだと、思い浮かべてみてほしい。

＊事業の継承

バートももう高齢なので、事業の継承は大きな課題だ。しかも事業規模は大きくなっている。ビル・デイビスはこの事業に永年投資を累積してきた元歯科医だが、彼が最近歯科医の仕事は売却し、今後は果樹園経営を本格的にやってみたいと言ってきた。果樹園の栽培面はマーク・クックという立派なマネージャーがいるが、経営面はバートの息子のジョンと娘のジーンだけではなんとも手薄だ。そんな時に投資家（株主）の中から、経営に興味をもつ人物が出てきたのは幸いだった。

ビルにはいろいろアドバイスを求められるが、私が彼に最初に言ったことは、「家業から事業へと移るべき時期に来ている。投資家（株主）宛報告書など、まず改善しなければいけないことがいくつかある。しかし、基本として大事にしなければいけないことは、『家業または非公開企業』としてのよい面を失わず、バートの精神を継承し、そのうえで『事業』レベルの企業に求められるコーポレート・ガバナンス、説明責任などを果たしていくことではないか」ということだった。

まず小さなことから始めた。その期のものだけ報告していた財務報告に、「計画対比」「前年同期比」も記載するように改めたというようなことである。企業もまた「手づくり」で育成していくものである。

三　グローバル・テクノロジー・アービトラージの時代

先端のライフサイエンス・ビジネス

＊シナップス・バイオメディカル社（横隔膜ペースメーカー）

アメリカも日本や欧州のように、現在、経済は低迷している。しかし、欧州や日本と比べるならば、アメリカにこそ経済再生の機会は存在していると思う。それは、バートの例に見られるような起業家精神の存在、天然ガスの発掘によるエネルギーコストの削減と、中近東オイルからの独立、そして軍事費さえ削減すれば、どうにか財政均衡は実現できるという日本よりははるかにましな財務状況である。国民に全身全霊を捧げる立派なオバマという大統領もいる。このうち最も重要なのは「起業家精神」である。未解決な問題にチャレンジし、その解答を見出す努力なくして、進歩はない。進歩はリーダーが与えてくれるものではなく、国民一人ひとりが生み出していくものだ。

以下、私がいっしょに働いてきた起業家のプロファイルを紹介したい。「そんなことをしている人がいるのか」と思いを馳《は》せ、自身の起業を考える参考にしてもらえれば幸いである。

まずトップバッターはトニー・イグナグリ、オハイオ州オバリン市所在の医療機器会社シナップス・バイオメディカル社の社長だ。彼がケース・ウエスタン・リザーブ大学（クリーブランド）のレイ・オンダーズ先生と協力して開発した機器は「横隔膜ペースメーカー」といい、脊椎損傷やルー・ゲーリック病（ＡＬＳ）で、自分自身の力では横隔膜が自然に動かず、呼吸が困難な人を支援するものである。この機器は米国食品医薬局（ＦＤＡ）から「人道的な目的の医療機器」としての指定を受け、早期承認を得、二〇一一年から販売された。

トニーの右腕で米国外の販売を担当しているのはムスタファ・ディオップ。ムスタファはセネガル人の父親と、フランス人の母親をもち、アメリカで育ってオバリン大学を卒業した。大学時代はテニスの選手で、デビスカップにも出場したというから、たいへんなものだ。トニーとレイとムスタファがこの会社を創業した愉快な仲間たちなのだ。ムスタファは現在パリを拠点とし、実に二二ヵ国の市場を開拓した。フランスでは一七病院が参加して、承認後の治験も進められている。

私は日本への輸出が早く実現するように祈り、お手伝いしている。日本にはルー・ゲーリック病の患者が約八〇〇〇人いて、そのうち一六〇〇人はすぐにでもこの横隔膜ペースメーカーの装着を検討すべき対象と考えられている。この病気の原因は不明だ。しかし七〇歳以上の高齢者の発病は日本でも増えている。高齢化が進むにしたがい、残念だが、患者数は増えていくだろう。

診断が出たら、この横隔膜ペースメーカーをできるだけ早く装着することが望ましい。症状が進行してしまうと、装着する機会を逸してしまうからだ。

＊日本の承認の遅さ

この医療機器の導入については、まず日本で臨床に携わる先生方から声が上がり、私は彼らの要望によってお手伝いすることになったものであり、先生方は熱心に取り組んで下さっている。日本の輸入会社を探すのには苦労したが（多くの企業が「台数が少なくて儲からない」と採り上げてくれなかった）、やっと心ある会社を見つけ、熱心に取り組んでもらえるようになった。トニーにも二〇一三年二月には日本に来てもらった。

一方、日本の承認制度によって承認を受けるには早くて二年半、遅ければ四年くらいかかるかもしれない。残念だが、「アメリカや欧州で承認が出ているから、明日から日本でも」とはことは運ばず、日本への導入に関しては、多くの国の後塵《こうじん》を拝している。アメリカや欧州で承認が出ていれば、ほぼ自動的に承認する国は多いし、また自国の輸入会社を通さなければ売れない、という国は少ない。規制緩和をすれば、日本にはもっと早期に、かつ安く（中間マージンを抑制できる）世界の先端医療機器を導入できるようになる。過去に比べればましになったとはいえ、未だ障害がウンザリするほど残っている。

ドイツ、フランス、イギリスではもう保険の支払いも始まっている。オーストラリアも同様だ。画期的な医療機器でも、日本への導入はどうしても遅くなる。それを「デバイス・ラグ」と呼ぶ。われわれが経験した過去の案件では、実に日本での承認を得るのに、一一年かかったものもあった。今後はそれ程のものはもうないとは思うが、このように承認が遅れて一番困るのは、他ならぬ患者なのである。

私は日本からクリーブランドに来た医師や医療機器会社の方を案内し、四件の手術に立ち会うとともに、術後の検診に訪れた患者との対話も四件傍聴させてもらった。手術はすべて内視鏡手術で一時間もかからずに終わる。手術後の患者への対応は、多くの部分がマリー・ジョーとシンディーという二人の看護師によってなされる。アメリカの看護師の担

横隔膜ペースメーカー調整機

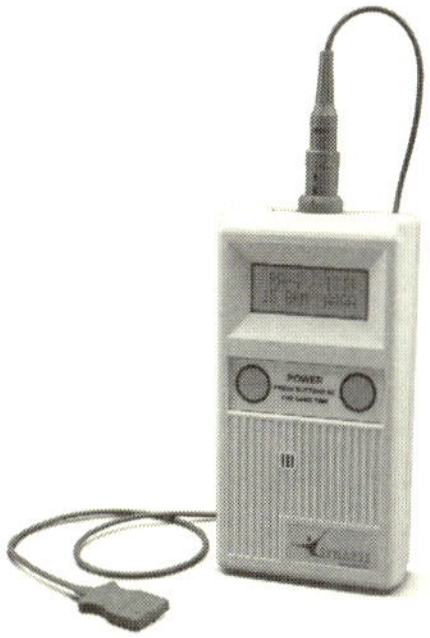

外部刺激装置

当できる仕事の範囲は、日本よりはるかに広く、日本では医師しかできないことをアメリカでは広範に看護師が行うことができる。これも日本が制度を改めたほうがよい点だと思う。

患者は前日に診断を受けて、病院近くのホテルに泊まる。当日は、手術を受けた後、一泊し、翌日には自宅に戻ることができる。アメリカなので自動車、飛行機で、非常に遠いところからも患者は手術を受けに来る。

患者に会って、非常に印象的だったことがある。身体に不自由があろうが、残りの人生が数ヵ月と短いものであろうが、たとえ手術を受けても、（ＡＬＳの場合）延命にはなるが、完治には至らないことを知っていても、非常に前向きに生きているということだ。そう感じたからこそ、こうしたイノベーションを進める人たちのお手伝いをできることに歓びを感じた。

日本でも輸入代理店となってくれる会社が見つかり、

また米国ＦＤＡの承認取得後の治験参加を希望する日本の病院も見つかり、近々日本でも研究目的の使用が始まりそうだ。

＊ヴァスキュラー・セラピーズ社（糖尿病血管治療）

在米インド人で、ニューヨークにあるレノックス・ヒル病院循環器科の医師、スリー・イエール先生が創業したヴァスキュラー・セラピーズ社が開発したのは、狭窄《きょうさく》を阻止する薬品（シロリマス）を染ませた、血管の外側に巻く牛のコラーゲン製テープである。糖尿病の患者が透析をするためのバイパス血管をつくる時、その血管を繋げる場所には狭窄が起こりやすい。この狭窄の発生率を著しく引き下げるのに役立つのが同社のテープである。

東京にもコスモテック社というパートナーを見つけた。同社が輸入販売にあたることが固まっており、近々日本でも治験が始まる。二〇一二年一〇月に名古屋で開催された日本透析医会の研究会である「日本アクセス研究学会」には、スリーと治験の取り纏めをしているドクター・チャムラが出席し、この治療法に関する発表をした。日本は透析大国である。多くの透析患者が本件の導入を待っていることだろう。

スリーはニューヨークの病院で医師としての臨床を行いながら、この医療機器会社の社長も務めている。一日中ほとんど寝ないで仕事を続けることができる、驚異的に頑強な人である。

　本件にはコスモテックも投資しているし、加えて今般日本の金融投資家も株主になってくれた。ヴァスキュラー・セラピーズ社は米国投資家に加え日本の資金で成長する米国医療機器会社となり、武居清志《たけすえきよし》さんという私の古い友人（早稲田大学と住友銀行の三年後輩。ロバーツ・ミタニの仕事もこれまでいろいろ手伝っていただき、現在もアドバイザリー・ディレクターという肩書きをもっていただいている）が役員に入り、日本の株主や治験関係の調整にあたっている。日本とは縁の深い案件となった。武居君は、日米の医療機器ベンチャーの経営指導、承認プロセスの指導にあたり、活躍の場を広げ、現在は公益財団法人先端医療振興財団臨床研究情報センターの上席研究員として、特に再生医療の国際的治験の推進に傾注している。

　コスモテックには以前、アメリカのエンドロジックス社が開発した「トリプルAステント」という冠動脈瘤《かんどうみゃくりゅう》の治療にあたる医療機器を、たいへんな努力をして導入し、日本で承認を取得していただいた経緯もある。エンドロジックスには当社（ロバーツ・ミタニ）のブルース・ロバーツがコスモテックの意を代表し、役員に入ったこともあった。吉田昭雄《よしだあきお》社長以下、経営幹部ならびに社員のみなさんには深く敬意を表したく、またこのような好事例が、今後もますます増えてほしいと願うばかりである。

＊スマート・インフュージョン・メディカル・システムズ社（点滴コントロール機器）

日本人の起業家で医療機器業界の大ベテランである新崎裕久《しんざきひろひさ》さん、新崎さんの相棒でシアトルにいるバート・コーツは、大手医療機器メーカーで活躍し独立した日本人発明家の河村泰弘《かわむらやすひろ》さんが発明した医療機器を、アメリカで商品化することに挑んでいる。会社名はスマート・インフュージョン・メディカル・システムズ社（略してＳＩＭＳ）。

その機器とは、点滴する薬品が、正確に定量を体内に送り込むようにするポンプと、送った量を正確に把握する機能とを備えたものだ。この分野は一九七〇年代から技術革新が起こらず、みなさんが受けている点滴は実際には「入ったり、入らなかったり」、そして先生方も「実際にどれだけ入ったのか」は分からないのが現状だ。新崎さんたちが開発したシステムに移行すれば、こうした問題がなくなり、医療事故を防止するとともに、病院のコストも約半分に低下する。「日本発の医療機器を、まずは市場が大きなアメリカで承認を受けて商品化する」という計画を進めている。

ＳＩＭＳは新崎さんの希望もあり「日本発、米国で承認取得」というプロジェクトを、できるだけ日本の投資家の支援で進めたいと考えた。しかし、日本でアーリー・ステージのＳＩＭＳのような会社に資金を出すベンチャーキャピタルはごく少数で、かつ運用資金の規模も小さく、これはなかなか困難な道だ。しかし、二〇一二年の年末に待望していた日本と米国の初めての特許が下りるという朗報が入った。「特許申請中」と「取得済み」では、技術の価値は大きく異なる。プロトタイプのモックアップ（模型）もできた。「意志あるところに道は拓ける」。二〇一三年には、どうにか投資資金を獲得し、大いに前進していただきたいと願っている。

＊メトロメディア・バイオサイエンス社（抗がんセル・セラピー）

ニューヨークのコロンビア・コーネル・プレスビテリアン病院の一部であるロゴシン・インスティチュートの医師、バリー・スミス先生は画期的ながん治療薬の開発に挑んでいる。同病院は腎臓の研究で世界トップ水準にあり、腎臓移植の件数では全米トップ（恐らく世界一）である。

彼の研究を支援しているのは、メディア関係の事業で大成功した実業家の遺産を管理している財団だ。会社の名前はこの株主の名前を反映してメトロメディア・バイオサイエンス社だ。がんの後期になると、いかなる抗がん剤も効かなくなり、病院も患者をホスピスなどに引き取ってもらおうとする。バリーは現在こうした患者に対して「マクロビーズ」

と呼ぶ、海藻の糖からつくった数珠に、ねずみの腎臓がんの破片を入れてつくった抗がん剤を与え、がんの増殖を止め、救済する処置をしている。

最初の適用は大腸がん、膵臓《すいぞう》がんである。治験は現在第二相。アメリカでは、この段階で承認が下りる可能性もある。

このマクロビーズの原理は、「山火事が起こった時に、迎え火を打つと消火される」という譬《たと》えに似て、膨張するがんの傍《そば》に異物のがんを置くと、そのがんは成長を止めるという反応を利用している。副作用は、これまでの治験ではほとんど出ていない。がんを増殖させる要因は複数あるが、ほとんどの抗がん剤はそのうちの特定の一つを攻撃するもので、すべてを攻撃するものではない。このマクロビーズは生物がもつ本来の機能を利用し、複数の要因に対し、全体的な抗がん効果を及ぼす。マクロビーズの中にある約七〇〇のタンパク質のうち、約三〇種類のタンパクにこうした抗がん効果があることが分かっている。本治療法は当初は末期患者だけを対象とするが、将来は初期の患者にも使用できるようにしたいと考えている。同様の原理を使った治療法は、糖尿病の治療にも適用できる。そちらは豚の膵臓の細胞を使うので、ロゴシン・インスティチュートの研究所の一つはオハイオ州にあるポーク・ソーセージ製造工場の二階につくられている。

このような新しい治療法は、製薬会社に導入を持ちかけても、すぐによい返事をもらうことは難しい。「別世界のもの」という感じで、新規性が大きすぎるのだ（だからイノベーションなのだが）。一方、「目の前にいる患者に効く薬が欲しい」という切実な思いをもつ臨床の現場では、このようにアメリカでも、日本でも、医師がイノベーションに挑む起業家精神をもっている。日本でも医師主導の治験ができないか、検討をいただいている。私は常にこうした患者に視線を向け、新しい治療法を研究する先生方を深く尊敬している。

＊夢の燃料電池

エネルギー部門でのベンチャー起業の育成に関しては、正直苦労ばかりしてきた。全滅というほど失敗を重ねてきた。必ずといってよいほど、「想定外」の外部環境の変化があり、採算が合わなくなるという問題にいつも直面した。外部環境の変化で最も大きな二つの要因は、制度（法律・規制）の変更と、商品価格（石油、ガス、穀物相場）の急変だ。したがって、この部門の私の経験からは、残念ながら余り元気のよい話を披露できない。そんな中ではあるが、一件はご紹介しておきたい。

ジョン・ボーグルは四人の仲間とコンバインド・エナジーズ社という会社を、ニューヨーク州北部のサラトガ・スプリングスにつくり、新型の燃料電池を開発している。ジョンの大学での専攻は原子力だった。しかし大学を出ると、「これからアメリカで新しい原子力発電所はまず建設されることはないだろう」と予想される状況だった。そこで彼は頭を切り替え、燃料電池の開発に向かった。ジョンが現在開発しているのは、一戸建て住宅、小型集合住宅、小型商業施設などで使う中型（五～二〇キロワット）燃料電池だが、暖房（給湯）、冷房（熱交換器を使用）をすべて一台でまかない、エネルギー効率を九割以上に高めたものである。発電、暖房、冷房を兼ねることが、「コンバインド・エナジーズ」という名の由来となった。

天然ガスから水素を取り出して原料にするが、その水素を燃料電池自動車に供給する器具も備えることにより、定置型（住宅等）の需要と、燃料自動車用の水素需要とを同時に満たし（これもまた「コンバイン」する一つ）、水素社会への移行を一挙に容易にする。アメリカではシェールガスの開発により、エネルギー革命が起こりつつある。ここに燃料電池というものが加われば、アメリカのエネルギー供給事情は画期的に変わる。ジョンの燃料電池は日本にも導入したいのだが、日本では未だ「一戸建て用のエネファーム」から発想を切り替えようとしてくれる人に出逢わない。現在のエネファームはエネルギーコストを上げるし、停電に対処するにはさらに高価な蓄電池も必要だ。

蓄電池を必要としないジョンが開発する中型容量の「一台」の燃料電池を何軒かで「共有」すれば、一軒あたりのコストを画期的に下げられる。そうした発想を日本でもたくさんの人にアピールしたが、なぜか積極的に採り上げようとする人に出逢わなかった。みな「今のやり方」がよく、「売り切り」方式から「貸し出し、管理、利用料課金方式」への移行は望まないのだ。多分、「政府にやれといわれるまで」腰を上げない。

ジョンの会社には未だ大きな資金的なスポンサーがついていない。彼は州政府からグラント（補助金）を貰っては、必要な特許申請などをしている。彼の技術が世に認められる時が必ず来ると信じている。

＊世界規模で技術を育てる

このような例を紹介していると、きりがない。私の会社ロバーツ・ミタニ・LLCは、年間だいたい二〇社の顧客を採り上げ、資金調達や販路の開発、拡大のお手伝いをさせていただいている。二〇年間やってきたので、単純計算すると四〇〇社となるが、リピーターも多いのでそこまではいかない。しかし数百社にはなるだろう。

発明家はどこの国でも生まれる。ただし、発明家が生まれた国が、必ずしもその発明を育てるに相応《ふさわ》しい国とは限らない。われわれは、その技術を高く評価し、育成するに相応しい国にその技術を運び、よりよい機会を提供できるようにと努めている。これを「グローバル・テクノロジー・アービトラージ」と呼んでいる。

また、発明が起こり、育ちやすい環境を「イノベーション・エコシステム」と呼んでいる。当社を巡る人々といっしょになり、この「イノベーション・エコシステム」をより多くの人々に参加していただけるものとするよう努力してきた。

イノベーションに賭ける国

*イスラエルの「スタートアップ・ネイション」という考え方

ところで国を挙げてイノベーションに挑んでいる国がある。イノベーション・エコシステムの拡充に最も熱心な国は「イスラエル」だ。ロバーツ・ミタニはこれまでもイスラエル生まれの技術をたくさん採り上げてきたが、彼らは自分たちの国を「スタートアップ・ネイション」と呼ぶ。起業先進国という意味で、イスラエルには学ぶところがある。

二〇一二年末、当社のパートナーの一人であるヤローン・ブレスキーが故国に戻り、仲間を集め、「ロバーツ・ミタニ・イスラエル」という会社を創業した。当社の兄弟会社となる。イスラエル国内で完結する仕事は少なく、ほとんどはニューヨークと連携しての事業となる。

イスラエルの起業カルチャーを紹介する本として『スタートアップ・ネイション』という本がダン・セノールとシャウル・シンゲルによって書かれたが、二〇一二年五月、日本でも『アップル、グーグル、マイクロソフトはなぜ、イスラエル企業を欲しがるのか？イノベーションが次々に生まれる秘密』（宮本喜一訳、ダイヤモンド社刊）と長い題名の本となって発刊された。英文の原本が出版された時、日本人の多くの友人に読むことを勧めたことから、翻訳版が出た時に、その推薦文をダイヤモンド社のオンライン版にある「エディターズ・チョイス」というコラムで発表した。また前述のテルアビブ駐在のヤローン・ブレスキーが、日本語版に前書きを書かれたシモン・ペレス大統領と親しいことから、同書を大統領に届ける役も頂戴した。

そんな経緯もあり、同書が紹介するイスラエルという国について、若干触れてみたい。ペレス大統領はイスラエルに関して、このように記述している。

「その昔、われわれユダヤ人の祖先がエジプトからイスラエルへの旅で横断したのは、広大な砂漠だった。そして現代、戻った祖国に待ち受けていたのもまた砂漠だった。われわれは完全に生まれ変わらねばならなかった。貧しい土地に帰ろうとする貧しい人間として、われわれは、欠乏というものの豊かさに気づいた。

われわれの自由になる財産は、人的資本以外にない。この不毛の地に財政的な支援は通用しない、通用するのは開拓者だけ、つまり何もない状況に立ち向かい必死に仕事をする開拓者だけだ。彼らは新たな生き方を工夫して、何もない地にキブツ、モシャブ、新開発都市、コミュニティを生み出した。必死に働き、自分自身を厳しく律していた。しかし同時に夢を見ようとして生まれ変わっている（これは戦後、焼け野原となった日本と同じではないか）。イスラエルは領土と人口の両面でこれからも小さな国であることに変わりはないだろう。したがって、イスラエルそのものは決して巨大な市場にはなりえないし、巨大な産業も育成できない。しかし、規模の大きさから量の優位性が生まれるのに対して、規模が小さいからこそ、質の面に集中できるチャンスが生まれる。イスラエルにとって唯一の選択肢は、創造力を駆使して質を追求することだった」

日本は一億の人口があるということで、「巨大な市場」をもつ面がイスラエル（七〇〇万人）と異なる。しかし、これから人口は縮小してゆく。その中で量を追求できないということは同じだ。「質」に目覚めなければいけない。そこがイスラエルに学ぶべきところだ。

ペレス大統領は現在のイスラエルを「世界最先端のテクノロジー企業にとって極めて重要な研究開発センター」と評している。

＊日本との違い

日本とイスラエルの起業の環境は非常に違う。言い換えると、日本でイノベーターが起業する環境は十分には整っていない。したがって日本の起業家は大きなハンデを背負っている。

たとえば政府の支援だが、イスラエルには「チーフ・サイエンス・オフィス」という政府部門があり、ここが国内の育成、支援すべき技術を常に見ている。同部門は、元本リスクを取って支援する。

大学発の技術がベンチャーとなる流れは、次のようなものになる。たとえばハダッサ・メディカル・センターという一流の病院研究機関があるが、ここの先生が何か新しい薬品を発明したとすると、彼はまず大学のインキュベート機関であるハダシという大学直属のインキュベーションセンターに相談に行く。ハダシは研究者から得た技術と自身のもつ資金で、新しい会社を興す。この会社が技術開発を進めて少々大きな資金が必要になると、今度はチーフ・サイエンス・オフィスに相談に行く。チーフ・サイエンス・オフィスが評価し、資金も出すというと、民間からも共同投資を募る。ベンチャーキャピタル、大金持ちのファミリーオフィスなどがいっしょに投資する。ここまで進むと、インキュベーターとか、アクセラレーターとかいわれるベンチャー企業育成の専門家たちが各種の面倒を見て、育てはじめる。さらに大きな資金や戦略的提携先が必要になると、ロバーツ・ミタニを訪ねてくる。そこからアメリカ、日本、韓国などに紹介されてゆく。だいたいこんな経路である。

イスラエルの技術と資金が国際的な支援となっている例を挙げよう。

ジョー・バイーニ（レバノン系オーストラリア人）とジョー・アモス（ユダヤ系オーストラリア人）は、ワクチンを与えて免疫力を強化した牛の分娩《ぶんべん》後の初乳を素材とした薬品の開発をするオーストラリア・メルボルンにある企業、イミュロン社の幹部だ。このミルクからつくった薬品は、バクテリアによる下痢を防止する。旅行に出る前に飲めば、暑い国で飲み水など心配な国に行っても大丈夫。トイレに駆け込まずにすむ。同社はその他に肝臓脂肪による病気の治療、インフルエンザ予防薬なども開発中である。

この会社の基本技術はハダッサ・メディカル・センターで開発されたものだ。大株主はハダシだ。イスラエルで生まれ、オーストラリアで育てられた技術が、オーストラリアの牛のミルクを製品化し、世界の人に愛用される。オーストラリアでの販売は日本の製薬企業が買収したスイス企業が行っている。南アメリカとアフリカでの販売はカナダ企業が担当することになった。日本にも遠くない将来に登場させたいが、これはまだ道が見えないでいる。

＊貧弱な日本の「イノベーション」支援

日本にも一見「チーフ・サイエンス・オフィス」と同じようなことをしそうな産業革新機構が創立され、今では二兆円の資金力をもっている。二兆円といえば日本の一年の税収の五％に相当する巨額の資金だ。同機構の英語名は「イノベーション・ネットワーク・コーポレーション・オブ・ジャパン」だから、名前からするとイノベーションに投資し、世界中の関係者を束ねていくような機能を果たすのかなと思う。

だが、これまでの実際の活動のほとんどは、大エレクトロニクス・メーカーが失敗して立ちいかなくなった事業を、二つ三つ集めては縮小均衡点を探し、人員カット、工場閉鎖など合理化を進め、競合を減らし、生き延びさせようとするとか、大企業による海外の大企業の買収への資金供給などだ。イスラエルのチーフ・サイエンス・オフィスのような仕事はこれまではしていない。しかし、今後はベンチャー投資にも積極的に関わるといわれている。大いに期待したいところである。

また日本のベンチャーキャピタル産業は、株式市場、特に公開市場の低迷により、資金を回転させ、収益を上げる環境になく、極めて活力が下がっている。目先一年以内に公開しそうな出来上がった会社ならともかく、アーリー・ステージの会社などにはほとんど資金が向かない。

アメリカでも政府はエネルギー省、国防省、NIHなどが、技術開発に関してたいへん大きな資金を出している。かつ非常に戦略的である。日本は新技術の育成に関する政府のコミット、民間金融機関のコミットともに非常に見劣りする。

先に触れたMDアンダーソン・キャンサー・センターの「ムーンショット」は、総額三〇億ドルのプロジェクトだ。このプロジェクトのスタートとなる五億ドルを最初にコミットしたのはサウジアラビアの王家だ。すなわち、アメリカという外国での研究開発をサウジ王家は寄付金でもって支援したのだ。

ノーベル賞を受賞した山中伸弥《やまなかしんや》教授を祝って日本政府が支援する金額が、当面発表されたところでは、一〇年で三〇〇億円ほどである。あるに越したことはないが、それでも数倍の単位で違っている。それは、予算を考える前提となる「ビジョン」に違いがあるからだろう。

ところで、日本でイノベーションの「ビジョン」については、私はもう余り語ろうという気がしなくなってきた。二〇年間語り続け、「もう疲れた」という感じだ。余りにスケールが異なり、話している自分がコミカルに見えてくる。「三〇年後に脱原発」というようなテーマでさえ、人々がエキサイティングに感じるのではなく、端《はな》から「できない」と引っ込め、危険な原発に後戻りする。口が悪いかもしれないが、「これではもう偉大な技術革新を起こせる国になどなりえない」と絶望感を感じることさえある（希望については第四章を見ていただきたい）。私が日本を事業拠点にしようとは思わない一つの大きな理由である。

アベノミクスで金融をジャブジャブにしても意味がない。お金はすでにジャブジャブに供給されている。一方で徹底的に欠けているのがイノベーションを起こそうという起業家精神なのだ。日本は自らの診断も、処方箋も徹底的に間違っている。だからこれまでの二〇年が「失われた二〇年」になり、今後の二〇年も恐らく同様のものになりそうなのだ。

そして借金の重みに耐えかねて沈んでいってしまうのである。それがいやならば、シモン・ペレスが言うような「スタートアップ・ネイション」に生まれ変わらなければならない。それは努力を要するが、一方でイノベーションに挑む人々には、エキサイティングな毎日、生き甲斐を感じる毎日、より人間的な歓びに満ちた毎日が保証されるはずだ。

第三章　マネーゲームからソーシャルビジネスへ

一　アメリカの懐の深さを知る——私のアメリカ体験

目先の課題を超えて

＊チェンジからフォワードへ

大学時代に初めてアメリカの地を踏んでから四〇年が過ぎようとしている。振り返ると、この国に対して私は当初大きな憧れをもち、やがて行動する場所として選び、その後定着した。定着した後、この国は大きく変化してきた。今から一一年前、二〇〇一年九月一一日に、アルカイダによる同時多発テロが起こり、その後アフガニスタンとイラクでの永い戦争にのめり込んだ。

冷戦終了後、世界の人々が「平和の配当」に与《あずか》れる「新世紀」を迎えたという高揚した気持ちは、この日をもって収縮し、世の中はすっかり変わってしまった。われわれをこれほどに憎んでいる人が世界のどこかにいるとは、一般のアメリカ人は思ってもいなかったのである。

その後、戦場で多くの犠牲者が出る一方、ウォール街は「強欲資本主義」に支配された。イラクからは撤収したものの、一〇年を超えるアフガニスタンの戦争は未だ終結しておらず、ウォール街の「強欲資本主義」も未だ健在である。この国の将来に対する懸念は大きくなるばかりである。

しかし、二〇〇八年に「チェンジ」を掲げたバラク・オバマという初めての黒人大統領を生み出したこの国の国民は、二〇一二年一一月の大統領選挙で彼を再選し、改めて大きな希望も感じている。今回オバマは「フォワード（みんなで腕を組んで、前進して行くんだ！）」というスローガンを掲げた。「オバマという傑出した大統領を得ること」、また「オバマを大統領に選んだ国民（市民）が自分といっしょにいること」を感じることができなかったならば、私は将来に対して「希望」をもてはしなかっただろう。また二〇一三年三月の新法王フランシスコの登場にも、私は大きな希望を得ることができた。

本書を執筆しているのも、そういった「希望」を心の底に感じるからで、警鐘を鳴らすべき問題はたくさんあるが、だからといって「悲観」や「落胆」に支配されるわけではない。「希望」こそが、私の文章を生み出し、タイプを叩かせている。

本章では、アメリカに定着した一人の日本人から、日本のビジネスマンおよび若きバンカーへのアドバイスを記すこととしたい。

＊心に届く言葉

昨今の政治家や経済学者は、その時その時の目の前にある卑近な課題に応えることを、長期にわたる問題の解決よりも優先しがちである。たとえば、政治家にとっては「次の選挙に勝つこと」だけが最優先課題になる。経済学者は、次の四半期のＧＤＰがプラスになるのかどうかといったことにのみ頭を使いがちであり、証券会社のエコノミストとなると目先の株価の予測が関心の中心となる。

それでは、未来の子供たちのために、どのようによりよい世界をつくるのか、残すのかというような長期的、究極の課題には応えることができない。一方、私が関心があるのは、どうしたらよりよい社会を築くことに貢献できるかということである。したがって、多くの政治家や経済学者（ノーベル賞を受賞するような人のものであっても）の書くものには多くの場合、大きな違和感を覚える。

このようなテーマを考える時、頼りになるのは古《いにしえ》からの宗教家の教えだ。私はクリスチヤンなので、聖書と歴史に残る偉大な神父、牧師の教えに耳を傾け、基本となる指針を得ている。

新約聖書にはパウロ、ペテロ、ヨハネなどのイエス・キリストの使徒が書いた二一の書簡が編纂《へんさん》されている。約二〇〇〇年前に書かれたこれらの書簡が、今でもすべてのキリスト教徒に読まれている。毎日曜日のミサでは、世界中の教会で必ず旧約聖書、福音書の一部とともに、これらの書簡の一部が読まれる（少なくともカトリックの教会は、世界中聖書の同じ部分を読む）。そこに書かれている言葉は、現代においても少しも古臭くなく、むしろ強い意味をもっている。

たとえば、「ヤコブの手紙」には「富んでいる人たち、よく聞きなさい。自分にふりかかってくる不幸を思って、泣きわめきなさい。あなたがたの富は朽ち果て、衣服には虫が付き、金銀もさびてしまいます」「御覧なさい。畑を刈り入れた労働者にあなたがたが支払わなかった賃金が、叫び声をあげています。刈り入れをした人々の叫びは、万軍の主の耳に達しました」等々と記されている。

これらの言葉は私に、今日を生きてゆく、確信に満ちた指針を与えてくれる。たとえばアメリカでは今般富裕層には増税するものの、中間層の増税は行わないように税制を改めた。これはもちろん全議員が賛成したものではない。もし私が議員だったら賛成しただろうか。もちろん賛成した。その判断の根源には上記の「ヤコブの手紙」に書かれた指針がある。

*先見の明

マーティン・ルーサー・キング・ジュニア牧師は、私が最も尊敬するアメリカ人であり、もし彼がカトリックであったなら、「聖人」に列せられるべき貢献をしたと思っている（彼は名前のとおりルター派、プロテスタントの牧師である）。なぜなら、非暴力で公民権法を獲得したことは、エジプトに奴隷として抑留されていたユダヤ人を解放したモーゼの仕事に匹敵すると思うからである。キング牧師は、アメリカに奴隷として連れられてきた黒人に「出エジプト」の奇跡をもたらしたのだ。

そのキング牧師は「資本主義の誤用の危険」に関して、彼が生きていた時代において、すでに指摘していた。以下の言葉を読んだ時、私はその先見の明に驚愕《きょうがく》した。社会の行く末を占うのは、経済学者ではない。宗教家や芸術家にこそ、先を感じる感性が備わっている。

「私は、諸君がアメリカで、資本主義という経済組織を持っており、それによって数々の驚異を成し遂げたことを理解している。諸君は世界で最も富裕な国民になった。そして諸君は、史上最大の生産体制を打ち建てた。こういうことはすべてすばらしいことだ。しかし、アメリカ人たちよ、諸君は資本主義を誤用する危険がある。私は今なお、金銭を愛することが多くの悪の根源であり、人間を粗野な物質主義者にしてしまうと主張している。諸君のうちには、霊的資産を貯えるよりも、金儲けの方に関心がある者が多いのではないだろうか。資本主義の誤用は、悲惨な搾取にもつながっていくだろう。（中略）しかし諸君は、民主主義の枠内で、富の分配を改善するために働くことができる。（中略）ほかの人々が死ぬほどの貧困に喘《あえ》いでいるのに、一部の者が溢《あふ》れるばかりの法外な富の中で生活することを、神は決して願ってい給《たま》わない。神はご自身の子供たちすべてが、生活の基本的必要を満たされることを望み、この目的のため、この宇宙のうちに、『ありあまる』ものを残してい給うのである」（傍点筆者、『汝の敵を愛せよ』蓮見博昭訳、新教出版社）

キング牧師が暗殺されてから四五年。その四五年を振り返れば、アメリカ人は「資本主義の誤用」を続け、彼が心配したとおりの世界をつくってしまった。そしてそのような世は、今や崩壊の危機に瀕している。にもかかわらず「みんながそういうから」とただただ「経済成長することはよいことだ」と信じ、それが「誰のための、何のためのものとなったといえるのか」、その真相を問わず、改めようともしない。

ケネス・ボールディングという経済学者がいった。「この有限な世界で、潜在力以上の成長を永遠に続けることができると考える輩《やから》は、狂人か経済学者のどちらかである」

かつてイタリアのフィレンツェにおいて、古典を振り返り、教会芸術を中心とする霊的活動の復興運動が起こり、文化の華を咲かせた「ルネサンス」に倣《なら》い、私がアメリカや日本の人々に「人間復興」を訴えるのは、こうして聖書やキング牧師の言葉の前にへりくだり、大いに学んだからである。こうしたキリストの使徒、キング牧師の先例に倣い、私も読者に誠心誠意考えた言葉を贈りたいと思うのである。

アメリカに夢を追って

＊アメリカの文化

私のアメリカへの想いは、「憧れ」から始まった。現在日本の多くの大学生が、アメリカに対してどのような感情を抱いているのか、私は知らない。「憧れ」のような感情は、少しでもあるのだろうか。

私の世代の若者にとって、海外に憧れをもち、日本を飛び出し定着するというのは、決して意外なことではなかった。特に芸術家や作家ではそうした人生を選ぶ人がいた。作家の須賀敦子《すがあつこ》さん、塩野七生《しおのななみ》さん、彫刻家の武藤順九《むとうじゅんきゅう》さんはイタリアに、ピアニストの内田光子《うちだみつこ》さんはイギリスに（彼女が毎年カーネギーホールにコンサートに来るのは大きな愉《たの》しみである）、ファッション・デザイナーの高田賢三《たかだけんぞう》さんはフランスとモナコに、バイオリニストの五嶋《ごとう》みどりさんやジャズ・ギタリストの増尾好秋《ますおよしあき》さんはアメリカに住まい、活躍を続けている。

銀行家では、アメリカに自分の投資銀行をつくったのは私だけくらいであろうが、「日本人」として海外に生きる場所を見つけたというのは、決して珍しいことではない。早稲田大学の国際学生友好会で知り合った友人のうち五人は今アメリカで暮らしている。一方、こうした選択は、戦前のハワイやブラジルへの農業移民とは異なった環境での、異なった意思決定によるものだった。「食べていくため」という必要性からではなく、文化面での憧れが強い動機となっている。

私が初めてアメリカにやってきたのは、今から三九年前の一九七四年。大学三年を終えた春休みだった。家庭教師や宅配便配達のアルバイトで貯めた貯金に、父が少々足してくれた予算で約一ヵ月カリフォルニア、オレゴン、ワシントン州、カナダのバンクーバーとビクトリアの一人旅をした。アメリカ西海岸はどうにか自分の予算で行けそうだったが、大陸を横断した先にあるニューヨークは距離的に遠いだけでなく、金銭的にも遠すぎ、旅行できる先ではなかった。

私がアメリカに強く憧れたのは多分中学生の頃からだったと思うが、その基礎に小学生の頃から見ていたアメリカのテレビ番組があっただろう。「ララミー牧場」や「ローハイド」のような西部劇、「アンタッチャブル」のような刑事もの、「ベン・ケーシー」のような医者もの、そして「名犬ラッシー」のようなホームドラマは、アメリカ人の健全な正義感、勇気、開拓者精神、家庭愛を存分に表したものだった。母に「もうテレビは消して勉強しなさい」と毎日言われながらも、私はこうした番組を夢中になって観ていた。

私はアメリカのフォークソングが大好きで、中学生の時にはすでにギターを買い、英語の歌詞を覚えて歌っていた。ブラザース・フォア、ピーター・ポール&マリー、キングストン・トリオ、ジョーン・バエズ、ボブ・ディランなどは憧れの的で、友人とバンドを組んではこれらの曲をそのままコピーして歌っていた。彼らの歌うフォークソングの歌詞は、反戦（当時ベトナム戦争たけなわ）、ロマンス、旅情などを歌ったものが多かった。

これらのフォークブームの後も、カーリー・サイモン、ジャニス・イアン、エルトン・ジョン、ゴードン・ライトフットほかたくさんのシンガーソングライターが登場した。多くの歌の歌詞を今でも覚えているし、先般福島第一原発が崩壊し、放射能が撒《ま》き散らされた時には、自ずとジョーン・バエズの「雨を汚したのは誰」（核実験反対を歌ったもの）を口ずさんだ。

ユーチューブで彼女の声を今聴いても、それは新鮮で、当時のみずみずしい感情が、そのままに蘇《よみがえ》ってくる。一九七〇年代はアメリカではシンガーソングライターの隆盛期であった。今でもなぜ当時あんなにたくさんのシンガーソングライターが生まれ、たくさんの名曲が創作されたのか、不思議な気持ちをもって振り返る。ベトナム戦争の影はあったが、アメリカの人々の心が豊かな時代だったのではないか。最近になって彼らの歌を聴くと、アメリカの文化は劣化してきたように思えてならない。人々の信仰が希薄になり、生活は忙しくなる一方で余裕が失われ、スマートフォンなどの発達により、ますます浅慮になり、意味もない、言葉ともいえない記号のやりとりに熱中する中毒患者となり、大事なことが見失われてきてしまったように感じる。

＊アメリカの友人

私の「アメリカへの憧れ」は多分、こうした一九七〇年代の音楽が決定的な役割を果たしたのだと思う。こうした歌が生まれて来る国で、私は生活したいと願ったのではなかろうか。今振り返って、私は「ブルックスブラザーズのスーツを着て、サスペンダーをし、ピカピカに光る靴を履くニューヨークの投資銀行家」と、「テンガロンハットを被《かぶ》り、カウボーイブーツを履き、ギターを持っている自分」とどちらに憧れたのか、と自分自身に問うならば、私の心からは「後者」という答えが返ってくる。ここ数年アリゾナ州でのピスタッチオ果樹園の造成に投資しているが（詳しくは前章に記載した）、これも私の西部への憧れがあってこそ行った投資だ。

早稲田大学では「国際学生友好会」というサークルで、留学生と交流する機会に恵まれた。国際学生友好会はスタンフォード大学に拠点を置く「ボランティアーズ・イン・エイジア（現名称ＶＩＡ）」という学生団体と特に親しく、このグループは年に二回は東京を通って、アジア各国にボランティアを派遣するので、指導者のドワイト・クラークとはとても親しくなった。

ドワイトはスタンフォード大学一年生の総括（ディーン）だった時に、日本でいえば「書を捨てよ、街へ出よう」といった感じで、学生が教室の中に閉じこもることなく、広く世界の人々と接することの重要さを説いた。ドワイトはやがてそうした機会をつくることを本職にしてしまい、ＶＩＡを創設したのだった。

七〇歳を過ぎる時、ドワイトはＶＩＡの活動を後進に譲ったが、彼自身は新たに「ラーニング・アクロス・ボーダー」という組織をつくり、日本人を含むアジアの学生同士の交流（特に高等教育の機会が乏しいミャンマーの若者たちに国外を見る機会を提供）を勧める活動を継続している。ドワイトはクエーカー教徒で、ベトナム戦争従軍の兵役は拒否した。しかし、こうして人生のすべてを「よき若者づくり」という社会的な活動に捧げている。ドワイトとの交流は今でも変わることなく続いている。ドワイトの活動は、今般起こったミャンマーの民主化にも陰で大きな影響を与えたと考えている。

また、やがて商務省に入って日本にも駐在することになるマイケル・ベネフィールは、スタンフォードから国費留学生として早稲田大学に来ていた。そんなことで、頭脳的にはとってもスタンフォードに留学するほどの力がない私だったが、そのキャンパス（サンフランシスコの南の町パロアルトにある）には遊びに行きたいと思った。当時、カリフォルニアは「海を越えればすぐその向こうにある」と極めて近いように感じたのである。

また、父の従兄弟《いとこ》の一人、ジム平井は戦前にアメリカに移民し、サンフランシスコ郊外のティブロン（金門橋を渡った北側）に住み、しばらくの間泊めてくれることになったので、私は春休みを使って一ヵ月弱アメリカに渡ったのだ。それが結局、私自身が二〇一二年にアメリカ国籍を取得して、この国の国民となるそもそものきっかけとなった。家内にとっては、そんな私に連れられて新婚旅行にアメリカに来たのが、初めてこの国の土を踏む機会となった。息子は二歳半の時、この国にやって来て、永住することとなった。

＊アメリカの第一印象

この旅行はアメリカ人の「温かい心」なしには実現しなかった。まずサンフランシスコの空港に着いた時、ジムとメアリーのご夫妻が迎えに来てくれていた。西海岸のいくつかの街をグレイハウンドのバスで回り、安いモーテルにも時には泊まったが、オレゴン州のユージーンやポートランド、ワシントン州のシアトル、カリフォルニア州のロサンゼルス、サンノゼなどでは「友人の友人」が迎えてくれて、ホームステイさせてもらった。聖書にある「よきサマリア人」のような人ばかりに出逢《であ》った。当時流行《はや》っていたのは、ジョン・デンバーの「ロッキー・マウンテン・ハイ」や「カントリー・ロード」だった。

アメリカの第一印象。それはとりもなおさず、本当に親切な人々がいる国、というものだった。そして、いわゆる中産階級の人々が、「名犬ラッシー」で見たような豊かな暮らしをしており、外国からの若者を温かく迎える心のゆとりをたっぷりもっているように感じた。人々のもつその「心のゆとり」にこそ、物質的なもの以上の「本当の豊かさ」を感じ、感動し、感謝し、憧れたのだった。

ジムの家は、金門橋を渡った先のティブロンという街にあったが、最初の夕食の時に出たデザートの「アイスクリーム付きのブルーベリー・パイ」は、また忘れることのできないものだった。それはおいしいだけでなく、やはり「豊かさの象徴」のように思えた。「夕食にデザートが出て、しかもそれがケーキ（日本のケーキの二個分はある）だけでなく、アイスクリームもいっしょ」というのは、今の日本ではそれほど憧れるものではないだろうが、当時の日本人の学生にとっては、「ワーオ」と声が出るほどゴージャスなものだったのである。

ティブロンの家で目を覚ました後、窓から見た美しい景色も忘れられない。前日は夜遅くに到着したので、周りの景色はよく見えなかった。早朝に見た窓からの景色は「こんな美しい庭園の中に住むということができるのだろうか」と思うほど感激するものだった。ジムの家も立派なもので、「ニッコー」と日本的な名前を付けられた猫がいた。

ジム平井はもう亡くなったが、重要なことを教わり、そして彼が言ったことの中には、私の人生を予言するようなことがいくつかあった。

大学を出て住友銀行に入ろうと思った動機の一つは、ジムの取引銀行が加州住友銀行（同行は日本が不動産不況に入った時にザイオン銀行という地場銀行に売却されて、今は存在しない）で、この旅行の時に立ち寄り、住友銀行が海外で活発に事業を進めているのを見たからだった。住友に入り、新婚旅行の際にカリフォルニアに行き、ジムに再会すると、「銀行に入ったことはよいことだ。そこで人がどのように事業を行っているかよく学ぶがよい。いつか独立して自分の事業を営みなさい」と言われた。ゴールドマン・サックスに入ってアメリカに来たこともそれは喜んでくれたが、さらに独立し、自分の会社を創ったことを報告に行くと、それはそれは喜んでくれた。「この子は言ったとおりのことをしてくれた」と思ってくれたのだろう。ジムは私がアメリカ国籍を取得する前に亡くなった。しかし天国で私の報告を聞き、息子のように思い、とても喜んでくれているのではないかと思う。

ジムはこの国の典型的な、自分の努力で達成した成功者だった。戦時中は収容キャンプに入れられないよう、アメリカ中を逃げて回ったという。その後、サンフランシスコでカーテンに換わる日本風の障子を作って成功した。その資金で自分の工場を含め不動産に投資したが、サンフランシスコの街が広がるにつれて、この土地の資産価値が上がり、リタイアするまでには大きな資産となった。

彼は「オプチミスト・クラブ」（「ロータリークラブ」のようなもの）や教会を通じて、コミュニティー活動にとっても熱心だった。そして私には「成功者の務め」を教えてくれた。「この国では成功者というのは、コミュニティーの中で、ロールモデルとして行動しなければいけないのだよ」。彼らは多額の寄付もしたし、警察官や消防士など、命を張って市民のために活動してくれる人々に感謝し、慰労会などを催していた。ジムとメアリーには実子がいなかったこともあり、孤児を養子にもらい育てていた。ジムに比べて今の私は未だ十分にコミュニティーでの活動をしていない。これは私がこれからしなければならない大きな仕事として残っている。

このように、私が若い頃接したアメリカ人には、スタンフォードの学生をボランティアとしてアジアに送り込み、彼らといっしょに生きているドワイト、日系人として立派に生きたジム、インターカルチュラル・コミュニケーションの手ほどきをしてくれたエドワード・C・スチュワート先生（日本では国際基督教大学教授）らがいた。年齢差を感じさせず、対等に接してくれる彼ら（大人）が、私にとってはよっぽど魅力的な人間像に映ったのだろう。私はアメリカに憧れ、心の底からこの国に来て生活したいと希望した。

＊新人バンカーの頃

少し時計の針を戻してみよう。私は多分「極めてよい時期」に日本企業（住友銀行）に勤めたのだと思う。一九七五年に早稲田大学を出てからの九年間である。早稲田の校歌の中には「進取の精神」という言葉があるが、住友銀行の中にもそうした精神は生きていたと思う。

まず入行して三年目に「お前は日本で生まれるには遅すぎた。起業家を見つけ出し、新企業を育てるという時代は去りつつある。だからお前はブラジルを見て来い」と当時勤務し、基礎訓練を受けていた日比谷《ひびや》支店長の中西一貴《なかにしかずたか》さんに言われて、ブラジルに研修に行った。

ベロ・オリゾンチというミナス・ジェライス州の州都に、一人ポーンと置いていかれた。一応ミナス・ジェライス連邦大学という大学の経済学部に聴講生として籍を置いたが、一方ではこの町に新しい支店を出すかどうか研究しろと言われ、私は産業を調べて「開設すべき」という進言をした。またここに進出してきた日本企業の幹部に頼んでは工場見学などをさせてもらい、海外進出企業の最前線を見せてもらった。

「ベロ・オリゾンチ稲門会《とうもんかい》」をつくって早稲田出身の研修生二人と、先輩三、四人に集まってもらい、校歌を歌って母校を懐かしむとともに、さまざまなアドバイスを頂戴した。諸先輩は、みな活《い》き活きと働いておられた。その元気な、頼もしい表情は今でもよく覚えている（企業の人事部長のみなさん、若い社員をろくに言葉も通じなく、自社の社員もいないようなところに一年くらいおっぽり出して「自分で生きてみろ」とやるのは、起業家精神をもつ社員の育成には、非常に効果的ですよ）。

帰国して国際投融資部というところに入った。ラテンアメリカ担当になると、シンジケート・ローンの主幹事競争で米銀に勝とうと必死になった。当時の国際総本部長の樋口廣《ひぐちひろ》太郎《たろう》さんは、「出張旅費などいくらでも使ってよい。ただしマンデート（主幹事の権限）を取って、売りさばくまで帰ってこないでよい」と言って私を出張に送り出した。当時私は二八歳くらいだった。二ヵ月東京にいては一ヵ月南米に出張するという生活をした（樋口さんはその後アサヒビールの社長となり、当時抜群のシェアを誇っていたキリンビールを追い抜いてビール業界シェアトップを取るという偉業を成し遂げた）。

国際投融資部長の岡部陽二《おかべようじ》さんは新商品開発に熱心で、日本で初めての金利スワップ債の発行、通貨スワップ付き航空機リースというような商品を、部を挙げて手がけた。岡部さん自身ロンドン勤務時に「フローティング・レートCD」というのを考案して、市場で初めて発行した実績をもっていた。彼はこう言う。「何事も二番目にやるのであれば価値半分」（岡部さんはその後、明光証券会長を経て、現在、医療経済研究機構副所長）。

金融商品というのは基本的に特許でもって保護を得て、独占販売できるというものではない。また市場に普及させるためには、参加者が増えるのが好ましい場合もある。だが、次々と競争者が参入し、価格をダンピングしはじめると、すぐにその商品は低収益商品になってしまう。すると、次の商品へ、次の商品へと移っていかなければならなくなる。私はもともとそんな市場にいたので、新商品をつくっては市場を開発するという仕事に馴染《なじ》むことができた。岡部さんが言われた「二番目だったら価値半分」というのは、こうした市場の特性を反映したものだった。

国際企画部に移ってからは、「ミタニ君、そろそろまた日経の一面に載るようなことをやってほしいのだけど」と言われた。そのたびに要望に応えようとした。スイスのルガノ市にあるゴッタルド銀行を買収したのも「邦銀では初めて」のことだった。CDを発行する枠を定める「CDイシュアンス・ファシリティー」「ドイツ・マルク債を発行してドルに交換する初為替《かわせ》スワップ取引」「長期格付け取得」等々も、「都銀初」または「邦銀初」といわれるようなものだった。もちろん、部内の下っ端《ぱ》として大蔵省の検査官が来るからといって、履き替え用のスリッパを買いに行くような仕事もした。当時の部長は森川敏雄《もりかわとしお》さん、次長が奥正之《おくまさゆき》さん。お二人ともその後頭取、会長になられた。当時の邦銀がみな初物を好んだわけではない。大手行の中でも「初めてのことなんてやるな」という方針の銀行もあった。もしそういう銀行に就職していたら、私は九年ももたなかっただろう。

ここにお名前を挙げた元住友銀行の上司にとって、私は扱いにくい部下だったと思う。しかし、「出世トップの同僚より本給が五〇円、一〇〇円下がろうが関係ない」と考え、ひたすら「世界でも通用するマーチャント・バンカー（投資銀行家）になりたい」と私は思っていた。そういう私に彼らはチャンスを与え、相当自由に仕事をさせてくれた。その環境がなければ、私がウォール街に来て、自分の銀行を創業するというようなことは起こりえなかった。

＊「初めて」に挑戦

住友銀行では九年働き、やがてゴールドマン・サックスに転職し、ニューヨークにやってきた。ゴールドマン・サックスには七年勤務した。住友からの転職は、「終身雇用と年功序列」の世界で、その後の職業人生を生きることに満足できなかったからだった。終身雇用というセーフティーネットに護《まも》られるメリットはあっても、転勤を繰り返す銀行マン人生の先は見えているようで、そこから外れても、自分のやりたい仕事に専念し、その道で（投資銀行家として）プロになりたいという気持ちが強かった。すると、自ずと日本は自分には「合わない」のだった。実力本位の世界でやっていけるのかどうかは分からなかった。しかし、「分からないからやらない」というのは、これもなぜか私の性格には合わない。やってみたいことに関しては、「やってみなけりゃ分からないでしょ。やるしかないよ」というのが、ほとんど常に私が採《と》る選択肢であり、この性格は昔も今も変わらない。

一九八四年、ゴールドマン・サックスに入った当時、日本人の数は本当に少なかった。東京事務所（まだ支店にもなっていなかった）には私を誘ってくれた川島健資《かわしまけんじ》さんほか数人、そしてニューヨーク・サイドには、日本株のブロック・トレーディング（第二次市場で大口の売買をすること）をする日興証券から移ってきた「三人組」だけがいた。私はアメリカにある日本企業相手のビジネスを開拓するために雇われ、やって来たのである。当時の仕事は邦銀の日常のファイナンス、事業会社の米国工場設立のファイナンス、日本企業による米国企業や不動産の買収のアドバイスなどが主たる仕事だった。

思い出深い取引にはマツダのミシガン工場の設立にかかるファイナンス（現在はもうマツダは所有していない）、ロームのシリコンバレーにある子会社「エクサー」の日系テクノロジー企業としては初めての企業公開（現在はロームを離れる）、住友不動産によるニューヨーク五番街六六六番地のビル（現在「ユニクロ」が一階に入っているビル。すでに住友不動産の所有ではない）の買収などがある。こうしたさまざまな種類の取引を経験しながら、私はウォール街での仕事の仕方を一つひとつ、また幅広く学んだ。

「初物」を手がけることには何ら躊躇《ちゅうちょ》がなかった。これが私にとってよかったのは、アメリカの起業家精神、パイオニアリング・スピリットが自ずと叩き込まれたし、なによりもやり甲斐《がい》があった。人の物真似は、たとえ楽に儲けることができても、私の性格には合わないというか、愉しくない。新しいことを手がけて、初めて仕事が愉しくなる。私はそんな性格で、アメリカという市場は、まさにこの性格に合致したものだった。

一方、この国のカルチャーすべてに賛成し、馴染んだということでもない。ＭＬＢのワールドシリーズに優勝したヤンキースが、MVPを取った松井秀喜《まついひでき》選手を翌年放出したように、「過去どんなに貢献しようとも、『これから』貢献できそうもないなら、躊躇なくクビにし、安い新人に切り替えるほうが正しい」という一般的人事政策には、馴染めない。稼げるかどうかだけではなく、どれだけお世話になったかという「恩」は、人も組織も忘れてはいけないという（日本的）価値観を私は尊ぶ。

＊永住権、そして国籍の取得

ゴールドマン・サックスに勤務して数年経ち、商業用ビザを更新する手間を省くためにも、私は永住権を取得した。永住権を得たので、ビザの切り替えを必要とせず、おまけに転職の自由も得たので、やがて独立して自分の会社を創ることができた。ロバーツ・ミタニは本年（二〇一三年）創立二一周年を迎えた。そして私たち家族はアメリカに来て二八年経過した昨年、国籍を取得するに至った。ロバーツ・ミタニ誕生の話は『ニューヨーク流 たった五人の「大きな会社」』（亜紀書房）に詳しく書いたので、ここでは省く。

またロバーツ・ミタニが現在行っている仕事に関しては、その顧客のプロファイルを含めて第二章で紹介したので、これも省くことにする。ただ、ブルース・ロバーツはじめ、よき仲間を得て、会社を二一年（あっという間に経ってしまったような感じだが）も続けることができたのは、余りに幸いなことだったということは、改めてここに記しておきたい。感謝あるのみである。

「永住権を得て、当地で仕事をしている間、当初に述べた「憧れ」がそのままに育ってきたかというとそうではない。この国に関して誇りを感じることも多々あったが、「間違っている方向に進んでいる」という大きな懸念をもったのも確かである。懸念は決して小さなものでなく、大きく広がったといえる。

＊大きな懸念

あの「九・一一」から一一年が経った。昨年も私の教会で開催された特別の追悼ミサには家内と二人揃《そろ》って参列した。私の教会では一一人の人が犠牲になった。その「痛み」を、同じコミュニティーに住むわれわれがいつまでも覚えておくことは、とても重要なことだと思う。

「九・一一」を招いた根因はその後解消されたのだろうか。オサマ・ビン・ラディンを殺害しても、アルカイダ殲滅《せんめつ》には至っていない。アメリカに対する大きな怒りは、世界の人々、特に一部のイスラム教徒の人々の心から消えたのだろうか。答えは「否」。二〇一二年九月一一日の追悼ミサから家に帰ってまもなく知ったのは、リビア駐在のクリス・スティーブンス・アメリカ大使ほか三名が、反米活動家たちに殺害されたというニュースだった。それは当初、在米ユダヤ人と思われる人物が製作した、モハメッドを愚弄《ぐろう》する映画がユーチューブで流されたことが原因といわれていたが、実際にはアルカイダの残党が「九・一一」に合わせて行った報復だと米議会には報告された。ユーチューブの映画は、同時にエジプト、イエメン、スーダン、ガザ地区など多くの地で人々の反感を買い、反米活動が活発化し、大使館が襲われ、緊張が増した。

イラクとアフガニスタンの戦争で、すでに六〇〇〇人を超える兵士が亡くなり、約五万人に上る兵士が負傷した。心の病を抱える帰還兵は多く、自殺者が絶えない。イラクでもアフガニスタンでも多くの人が亡くなった。シリアは激しい内戦状況にある。イスラエルとイランの戦争突入への危険も増すばかりだ。

*アメリカ国籍を得て

アメリカに来て、私自身にとっての最も重要な出来事は、家内といっしょにカトリックとして受洗したことと、家内、息子といっしょにアメリカ国籍を取得したことだ。「自分たちが帰属する場所」を、「自分たち自身で選んだ」ということである。二つとも「生まれながらに与えられていたもの」ではなく、自らの意思で選んだもの。この二つのイベントは、喜びに満ちたものだったし、幸福なものだった。

アメリカ国籍を得たのは二〇一二年だが、以降、自分がさらに心理的に大きく変わってきたと、この頃感じている。以前私は自分が何者かと問われれば、「私は日本人です。現在アメリカに住んでいます」という順で答えただろう。しかし、今は同様の問いかけに対して、「私はカトリックです。国籍はアメリカです。生まれは東京で、日本人の両親の間に生まれ、教育は日本で受けました」と答えるだろう。自分が属する「広い世界」から始め（キリスト教徒）、そして「自分がした選択」（アメリカの国籍取得）に進み、最後は自分で決める（選ぶ）ことができなかった両親の人種（日本人）である。

ということで、私は自分自身の選択で、「典型的な日本人」とは極めて異なる人生を歩んできた。日本の大学を出て、日本の金融機関に就職し、それから外資系の東京支店に転職する人はたくさんいる。しかし、ニューヨーク（ウォール街）に来て、自分の投資銀行を創り、国籍もアメリカに移したという人は、他にはほとんどいないように思う。「どこかに無理があったか」というと、そうでもない。自分自身の余り出来がよくない頭で考え、前を向いて歩いてきたら、自然とこうなってしまった。逆に日本で生きてゆくという選択をしたなら、それは私の性格には合わず、苦痛であったろう。

家内は私が日本で暮らしてゆくのは、フラストレーションが溜《た》まりすぎて無理だと分かっていたので、アメリカについてきたと言っている。彼女は十分日本で暮らし、日本で幸福になれるのに、たまたま私と結婚してしまったため、自分の故国を離れることにしてくれたのだ。これは感謝してもしきれるものではない。

ところで、私の家族にはアメリカに留学したり、転勤する者が多くいた。私の母方の曽祖父はニュージャージー州のラットガーズ大学に学び、日本に帰ると今のお茶の水女子大学の建学に携わり、女子高等教育、ひいては男女平等の思想の普及に尽くした。祖父はニューヨーク州のコーネル大学で「育種学」を学び、「メンデルの法則」に従って日本や韓国の寒冷地で育つ稲の新種の開発に取り組んだ。その兄（永井荷風《ながいかふう》：オバリン大学に学ぶ。文学者）、叔父（永井健《ながいけん》：米国に日系信託銀行を創設）もアメリカに留学し、学んだ。父は短期間だったが約四〇年前に、ワシントンDCにある「未来資源研究所」で、シェールガス（現在、実用化されている）やオイルの果たす経済的インパクトの研究をした。このように、私の家族史を繙《ひもと》いても、日本人がアメリカの、特に高等教育制度の恩恵を受け、多くを学び、それを日本に持ち帰って建国の糧としたことが分かる。私の家族は、そういった意味でも、これまでの家族の行動の枠を超えていて、それが私のＤＮＡに含まれていたのかもしれない。私の息子は恐らく日系人ではないアメリカ人と結婚するだろう。そしてその後の家族は、たぶんこのアメリカで広がっていくことだろう。

二　数字や大きさではない仕事のやり方

目の前にいる一人の顧客のために

＊人生四季説

私は大学を出て以来、バンカーという職業を選び、生きてきたが、日本の社会に残っていれば、そろそろ引退の年齢である。三井住友銀行頭取の国部毅《くにべたけし》さんや、副頭取の久保哲《くぼてつ》也《や》さんは、私より一年後に入行してきた世代で、私の同期の連中はもう銀行本体には残っていない。銀行に残っている先輩は、頭取・会長をなさった森川敏雄《もりかわとしお》さん、奥正之《おくまさゆき》さんぐらいになった。

先日メリルリンチ日本法人の副会長をしていた川島健資《かわしまけんじ》さんがニューヨークに訪ねて来

てくださった。同社の役員を退任なさった由。ケンさんは私をゴールドマン・サックスに二八年前に誘ってくれた恩人で同い年だ。日本で投資銀行業務を始めた草分けの一人だ。ソロモン・ブラザーズの日本での事業を始めた宮部紳二《みやべしんじ》さんも、その後さまざまな分野で活躍し、自分の会社も創って成功なさったが、昨年引退の挨拶状を頂戴した。

高校や大学の友人からは次々と定年退職の挨拶状が来る。一つの職場で勤め上げた人が多く、家族を養い、子供を育て上げ、定年を迎えている。そして高齢の両親の介護にあたっている人も多い。みなさん本当に立派な人生を過ごしてこられたと、敬意を表するものである。

また残念なことに、高校や大学の同期の訃報も一年に二件ぐらい入るようになった。「まだ若いのに」と惜しみつつ、一方もうそんな年代でもあるのだと自覚し、残りの人生をどう生きるべきなのかを真剣に考える。

このように、同期または若干上の諸先輩が、それぞれに「第二の人生」に入っておられる。一つのことを成し遂げた後、すっかりリタイアメント・ライフを愉しまれる方と、もう一度別の分野の仕事を選んで邁進《まいしん》される方と、その後の進路は大きく分けると二つあるようだ。私もそろそろ、これまでのバンカーとしての生活に区切りをつけるべき時期にさしかかっている。

もともと私は投資銀行業務をそれほど永く続けようとは思っていなかった。若い頃には「四〇歳で上がる」と言っていたぐらいだが、三八歳で自分の会社を創ってしまい、そこから二一年この仕事を続けることとなった。最近では「人生四季説」を唱え、一つの季節は二〇年。六〇歳で「秋」を終え、「収穫」を終えたら「冬」に入る。「冬」とは葡萄《ぶどう》でいえば、樽《たる》に詰めてワインになる季節。芳醇《ほうじゅん》なワインになることを目指したい、と言ってきた。

もっとも出井伸行《いでいのぶゆき》さん（クオンタムリープ代表取締役ファウンダー&CEO、元ソニーCEO）も「人生四季説」は採るが、一つの季節は二五年と私より五年長く、「冬は七五歳から始まり、終わりは一〇〇歳」とのことである。出井さんには敵わない。出井さんは昨年七五歳の誕生日を迎えられたばかりである。

＊先輩に学ぶ

ロバーツ・ミタニは幸いなことに、二人の日本人の巨人にアドバイザリー・ボードに入っていただいている。出井さんは私の高校、大学の大先輩として、この出来の悪い後輩の仕事を心配しつつ温かい目で見ていただいている。もうお一方は岡部陽二《おかべようじ》さんで、こちらは住友銀行の元上司。住友銀行の専務、ゴッタルド銀行の役員、現在のSMBCフレンド証券（元明光証券）の会長などを務められた後、広島国際大学教授、医療経済研究機構の副所長などを務められ、現在でもフルタイムの仕事が何件か、ハーフタイムの仕事が何件かと、超人的な仕事をこなされる巨人である。日本に行くたびに、またお二人がニューヨークに来られるたびにお目にかかり、ご指導を受けるが、「会えば何かが始まる」というほど、常に何かプロジェクトが生まれたり実行されたりする。

たとえば出井さんは「アジア・イノベーターズ・イニシアティブ」という起業家を中心とする集まりを組織しておられる。二〇一二年の東京でのコンファレンスでは、私は「ゲノム文明の始まり：健康のための新ビジネス創出基盤」というパネルをお預かりした。

岡部さんは九月にニューヨークにお越しになり、当社の顧客にインタビューを行っていただいたが、それは病院がグループとなって医療機器や薬品を纏《まと》めて購入するシステムの研究グループを率いての来米だった。お二人とも、若い人々を牽引《けんいん》する強い力をおもちで、後進の人々に刺激と勉強の機会を与え、社会の進歩に大きな貢献をなさっておられる。

お二人の姿を拝見していると、「僕はもうくたびれました。お先にゴメン」となかなか言えなくなる。かといって、お二人の真似をすることなど、とても無理である。もしお二人に「君は投資銀行業務を極めると言っていたが、極めたのか？」と問われれば答えは

「ノー」である。「なんと中途半端な」とお叱りを受けるかもしれないが、それでも次の仕事に移りたい理由がそれなりにある。

社会人になって選んだ仕事が金融であったために、私は大学卒業以来、ずっとお金を追いかける人生を歩んできた。「自分のために稼ぐ」「自分の会社のために稼ぐ」「顧客のためにお金を集める」「顧客が稼げるようにする」と、何もかもがお金に関わることだった。

中には「いかに医学をお金儲けの道具に変えるか」にしか興味のない連中もいる。金融投資家のほとんどはこの連中だし、しかも大事な仕事は人にやらせて自分は楽して儲けたい。「ミタニさん、公開直前の会社ですぐに二、三倍は儲かる案件を下さい」というような自称ベンチャーキャピタリストはたくさんいる。また自分の儲けを拡大するため、他の関係者には損をしろと真顔で言う連中も引きもきらない。私はこれまで、そういう輩も相手にしなければ、仕事ができなかった。しかし、もうこうした連中と無理して付き合うことは止めにしたい。我慢ができないほど、うんざりした。

フランスのグランゼコールの一つである「国立ポンゼショセ大学」の国際経営大学院で、二年ほど客員教授として教職に与ったこともあるが、それを除くと、お金が関わらない（もしくは主目的ではない）仕事はほとんどしてこなかった。地域や教会でのボランティア活動というのも、ほとんどなきに等しい。私の人生は、お金に関わる仕事と、お金には関わらない仕事の間が余りにバランスを欠いてきた。そして、世の中には「お金とは縁のない大事な仕事」がたくさんある。一方こうした仕事をする人は、減るばかりである。

カトリックでは、「あなたの時間、才能、そして財を主のために使いなさい」ということを強調する。献金や寄付だけでなく、自分の時間と才能を捧げることが重要なのだが、私は著しくそうした行為に欠ける人生を送ってきたのである。この大きな後悔を胸の内に感じる時、私は「稼ぐための仕事」に対する興味をほとんど失ってしまう。当社の仕事でも、稼ぐだけが目標のような仕事には興味が湧かない。顧客が行っている仕事が非常に大きな社会的貢献をするとなって、初めて興味が湧く。

会社を経営していくには、やはり稼ぎを考えなければいけない。しかし、その稼ぐということに興味が湧かなくなってしまったのだから、私はもう経営者の立ち位置からは、離れるべきなのだ。そこで、ここ数年で、私なしでも会社の経営にはいささかの支障もないようにできたなら、私は「人生の冬」に行うべき仕事に全面的に移行したいと願っている。

＊難しい後継者づくり

私は前にも書いたが、住友銀行で岡部さんの下で働いていた時を含め、若い時代にたくさんの機会を頂戴した。したがって同様のことを若い人にしたいと思う。しかし、それは「言うは易《やす》し」、されど実現するのはなかなか難しく、思ったように事は運ばない。

将来の担い手をつくろうと、当社に来たいといって飛び込んできた、私より二〇歳若い人々を二人受け入れ、それぞれ一年ほど、自分を磨き、自立する機会を与えた。その間、できる指導は最大限したつもりだった。しかし、二人とも当面の目標を達成できず、一年経つと他の道に進んでいった。私が一人で創業した頃に比べれば、はるかに楽に自立できるチャンスがあると思うのだが、なかなかそうはいってくれないのである。後継者づくりは、ことに日本のビジネスに関しては、まったくうまく進まない。このままでは、日本のプラクティスは私の引退と同時に店じまいである。今は、それもしょうがないと思っている。

一方、二〇一二年にはアメリカの大卒者を一人仮採用してみた。スコット君といって、ペンシルベニア大学でバイオエンジニアリングを専攻した青年だが、将来は起業家になりたいという。そのための勉強には当社に来るのが一番望ましいと立候補してきた。したがって将来投資銀行家にするためにした採用ではなくて、われわれのアシスタントをしつつ、起業家（当社の顧客）の実例に学ぶために来たのである。

私は当初、仕事をまったく知らない青年に基礎から教えることなどまっぴらゴメンと思っていたのだが、ところが実際にやってみるとこれが結構愉しい。スコット君は今私が彼に与えている「パーソナライズド・メディスン」というテーマに熱中し、それはよく学ぶし、どんどん吸収してゆく。喜び勇んで働き、自分の力を精一杯出して作品を作ろうとする。顧客宛のレポートも、私が直して完成するとなれば、適当なものを作ってくると思い、「君が書いたものに、僕はほとんど手を入れないよ。君が書いたものがそのまま顧客に行くよ。顧客の中では役員会宛のレポートになるのだよ。他の役員も読むかもしれないよ。だから自分で書ける最高のものを書いてみなさい」と言って顧客往訪のレポートを書かせてみた。立派なものを書いてきて、私が手を入れたのは二ヵ所程度だった。こうして、大学を出たばかりのスコット君が目を輝かして働きはじめたのを見ると、こちらも何か嬉《うれ》しくなってきて、「後進を育てるというのもまんざらではないな」と愉しくなってきた。

がっかりさせられることもあるし、嬉しくなることもある。基本的には後進の人々の成長に貢献したいとは思うのである。なぜなら、前述のように、出井さんや岡部さんという学校や職場の先輩に私がお世話になっているからに他ならない。

＊小さくても価値あることを

私はここ数年、日本の金融機関を含め、ウォール街の投資銀行を中心とする、メガ金融機関の犯す強欲資本主義という犯罪を（犯罪といっても、実際に法を犯し「犯罪」とされ罰金を科せられたり、牢屋《ろうや》にぶち込まれるものから、逃げ切って合法を装うものまでいろいろあるが）厳しく叱責してきた。しかし、それは金融業というもののすべてが悪であり、世の中で無用のものというのではない。「あるべき姿をした金融」と、「あってはならない金融の姿」と、まったく異なる二つの金融がある。

現在金融という仕事に就いている方、もしくはこれから就きたいと考えている方、および心あるビジネスマンの方に、私がバンカーとしてどんなときに歓《よろこ》びを感じたかをお話ししておこう。

住友銀行に入って一、二年目、私は日比谷支店という店舗で訓練を受けた。二年目は外国係で外国為替の仕事をしていた。

香港系の資本で、醤油《しょうゆ》の香港向け輸出などをしている黄《こう》さんという方の会社があった。週に何回かはお越しになるので、だんだん親しくなった。こんな若造でもかわいく思ってくれたのだろう。結婚することになると、彼が経営している中国料理店に夫婦でお招きいただき、お祝いをして下さった。支店長が接待されるならともかく、こんな若造でも日々の仕事を通じて、それなりにお客様に評価いただけるのかと感じたものだった。

先述したが、国際投融資部では、米銀ほか世界中の銀行と競争してシンジケート・ローンのマンデート（主幹事の権限）を取る競争をした。

ベネズエラ政府から米ドル建ての長期ローンのマンデートが取れたときの話をしよう。邦銀がラテンアメリカの政府そのものから、ドル建てのローンの主幹事を取ったのは初めてのことだった。しかし、このローンは期限が迫っているベネズエラ港湾局の短期ローンの借り換え資金だった。期限が来るまでに払い込みを完了しなければ、デフォルトを起こしてしまう。紆余曲折《うよきょくせつ》を経て、われわれが資金を払い込むことができたのは、このローンの返済期限当日だった。われわれはベネズエラ政府をデフォルトする事態から救済することができたのだった。国際銀行としての責任を果たせた時だった。「顧客を苦境から救えた時」というのは、今でも歓びを感じる時である。

大きな案件を取った、大きな収益を上げたといえば、若い時はそれなりに歓びがあったと思う。しかし、それは歳をとると、それほどでもなくなってきた。二〇一二年、当社は二八億ドルの企業買収案件を扱って、『フィナンシャル・タイムズ』のある日の一面トップの記事にもなった。当社が一〇億ドルを超えた案件を扱ったのは初めてだった。しかし、私はさして嬉しいとも感じなかった。会社を売って顧客（売った会社の株主）は大儲けする。しかし、その会社の多くの社員は合理化の対象となって退職させられる。二つ会社がくっついたところで、その会社の製品を買っている顧客にはほとんど何の影響もない。心の中に大きな歓びが湧いてくる要素がなかった。

思い返せば、ゴールドマン・サックスを出た頃から、順位争いには何の意味もないと認識するようになった。当時自分で立てた目標は「倫理観だけはウォール街でトップの投資銀行になろう」というものだったし、私（当社）にとって、最も重要なことは、「目の前にいる一人の顧客にとって、私は重要なバンカーなのかどうか」、実はそれだけなのである。

若い時は、本来意味もないことが大きく見えるものだ。一方、歳をとると、小さなことでも本当の価値があるものが輝いて見えてくる。何を目標として働くのかは、常々よく考えて生きることだ。

＊尊敬すべき企業

顧客の努力が報われるのを見るのは、たいへん大きな歓びだ。たとえば「コスモテック」という日本の医療機器会社が当社の斡旋《あっせん》で取り扱うこととなった「トリプルＡステント」という商品が、一一年かかって日本で承認された。その時は、我がことのように嬉しかった。

「夢コーポレーション」という豊橋に本社がある、パチンコ屋のチェーンがある。私どもはこの会社のファイナンスを何件も行った。その中にはアメリカの大手生命保険会社からのドル建てのローンもあり、しばらくの間、同社の筆頭融資機関は二つのアメリカの生保になったのだった。しかし、一時経営は悪化し、リスケジュールもしなければならなかった。しかし、加藤英則《かとうひでのり》社長を中心に社員のみなさんがたいへんな努力をし、ローンはびた一文減らさずに完済。そして昨年は復配に漕《こ》ぎ着け、私もこの配当金を受領した。かつて同社にお金を貸す立場にあったものの、その後、潰れていった金融機関はたくさんある。かつて借り手だったこの中堅企業のほうがよっぽどシッカリした経営をして、今日も立派に生きておられる。この「復配」の知らせは本当に嬉しかった。

かつて顧客だった企業で財務を担当していた役員が、別の会社に転職し、そこでも財務を担当し、シンジケートローンの調達を銀行と交渉中の時に、「前職でミタニさんに教わったことが今すべて活きています。それを活かして現在銀行との折衝にあたっています」という知らせを頂戴した。いっしょに仕事をした経験を活かしていただいているというのも、これはたいへん嬉しいことだった。

顧客のほとんどはベンチャー企業なので、そこの製品は通常「開発中」だ。それが市場に出て、患者を助けているという知らせは、また非常に嬉しいものだ。たとえばかつて「マイクラス」という、脳の動脈瘤《どうみゃくりゅう》の治療に使うコイルを発明した企業を支援した。アメリカ国内では必要な資金がまったく集まらず、会社をスイスに移して主に欧州のベンチャーキャピタルでお金を集めた。日本からも日本アジア投資が参加した。そのコイルはアメリカでも日本でも承認が下り、日本では現在も販売されている。あの時「お金が集まらない」と諦めていたら、どうなっていただろう。多くの患者がこの非侵襲的な治療を受けることができなかっただろう。日本の一般の新聞記事に、このコイルでの治療法が紹介されているのを見た時、私は思わずニコリとした。顧客の事業を通じ、患者に尽くせるというのは、たいへんありがたいことだ。

＊狭い範囲の専門家か、ジェネラリストか

私がバンカーとして訓練された頃、狭い守備範囲の専門家として養成されることはなかった。後々、そうなるとしても、まずはジェネラリストとして養成された。しかし、最近はこのジェネラリストになる機会がめっぽう減っていると聞く。証券化なら証券化、その中でもクレジットカードならクレジットカードの専門家となると、最初から最後までずっ

とその部門で過ごすという。

これは他の産業でも同じ傾向で、弁護士にしろ、会計士にしろ、ごく狭い範囲の専門家ばかりが育ち、大所高所から顧客を見、アドバイスをできる人材が枯渇していると聞く。言い換えると「担当課長と話ができる人間（バンカー、弁護士、会計士）はいるが、社長、会長と対等に話せる人材がいない」という。

私はまずバンカーであれば、企業全体、産業全体を見る目を養うことが非常に大事だと思う。専門的な知識は後からでも学べる。基礎がしっかりしていれば、応用編は早い。私などこの歳をして、新しいことにいくらでも突っ込んでいく。最初からすべて専門的知識があるわけではない。しかし「顧客が一番よい先生」である。そして同じ業界の案件を数件こなした際には、だいたい勘所は摑める。だから私は新しい部門に入ることに、なんの躊躇もしない。

顧客がフォーチュン500の大企業であれば、求められるアドバイスは重箱の隅をつつくようなほんの小さなことかもしれない。そうした超専門知識が尊ばれるかもしれない。しかし、世の中の九〇％の企業は中小企業で、彼らが求めるバンカーは、何でも相談できる全天候型「よろず相談相手」だ。ところが、実際にはこうした「よろず相談」できるバンカーは少ないし、大金融機関に行くと、株なら株、債券なら債券、証券化なら証券化と、懸案ごとに担当が全部違い、顧客にとっては極めて不便な状況を招いている。

＊人生の価値

これは私自身の経験からの話だが、住友銀行勤務時代は「住み込み銀行」勤務で、毎晩帰宅は非常に遅かった。時間外勤務の許容時間は労働法に定められているのだが、足の出た分はカウントせず、その法に合わせるだけで、実際にはその倍くらいの超過勤務をしたと記憶している。それを辛いと感じることはなかったが、体はしょっちゅういろいろなところが壊れていた。その原因は限りなく膨らむ「フラストレーション」にあったと思う。

ゴールドマン・サックスに転職すると、この小さな故障はウソのように消え去って元気になった。しかし、顧客を接待することが仕事のようなもので、また毎週アメリカの東海岸、西海岸を往復し、加えてハワイ、日本、欧州などを飛び回る仕事は、コレステロール値を上げ、高血圧にし、私の体を蝕《むしば》んだ。本人に自覚症状は何もなく、健康診断で指摘されても無視していた。そのつけは独立して間もなく、心臓発作としてやってきた。一命はとりとめた。そして約九ヵ月間スローダウンし、私は人生を考え直した。この大病をしたことは、私の人生の大きな転換点となり、今では「神が私に対して呼びかけて下さったこと」と受け止めている。

三年前にも命を失いそうになったが、ピロリ菌が大きな潰瘍を胃につくり、出張先の日本で大量の出血をした。行きの飛行機の中で声が出なくなるほど風邪に感染していたのに、到着した晩に中学の同窓会があり、かなり酒を飲んだのが、ピロリ菌を元気にした原因だったかもしれない。後で分かったことだが、実に体全体の血液の三分の一を失っていた。ところが、体はフラフラするものの、東京で入院したりするのはいやなので、どうにか体を引きずって飛行機に乗り、ニュージャージーの自宅まで帰ってきた。翌日医者に行って、初めて血液の三分の一をなくしていることを知った。これは「自分の帰るべき家は、世界に一ヵ所しかない」ことを改めて自覚するいい機会となった。

バンカーに限らないが、余りに多忙な職業に就いていると、健康をないがしろにしがちである。若く、元気であっても、食生活を中心に健康には十分気をつけなくてはいけない。

心の健康にも留意したいものである。「病は気から」というが、心の健康は体の健康以上に大事な基本的なことかもしれない。

私の仕事は「実世界（実社会）」のものであっても、多くの人の心を掴《つか》み、纏め、いっしょに働く基盤をつくらなければ成功しない。騙《だま》し合って、騙し勝つという筋合いのものではない。「信用」がすべての基本だ。ウソのある仕事はできないし、崩壊する。したがって、心をきれいに保ち、人にも誠実に接することが、一つひとつの仕事を成就させる秘訣でもある。このように、心の健康を保つことが重要であり、それは信仰を深めることにより、自ずともたらされるものと私は考える。

私はバンカーという仕事を一生の仕事としてきた。この仕事は本来、社会の中で非常に大事な仕事である。ここ二〇年、多くのプライベート・エクイティ・ファンドのような強欲資本主義者が、弱い人々を搾取し、私腹を肥やすのを支援してきた。しかし、バンカーたちが再び自分の仕事に誇りをもち、「本来のあるべき姿」に戻れば、また社会の人々に感謝される仕事ができるはずだ。少なくとも「パブリック・エネミー・ナンバー・ワン」(社会の敵ナンバー・ワン)といわれるようなことはなくなるはずだ。

「個人的な成功を目指す」のではなく、「社会の役に立つ」ことを目指す。社会の役に立っているという確信があれば、激務にも耐えられる。顧客の歓びを自分の歓びとできる。それが若いビジネスマン、そしてバンカーにとっての「人間復興」である。

第四章　日本人による、日本のための経済復興

一　日本がもっているこれだけの長所

ソフトパワーを発揮せよ

＊自分の立ち位置を確認する

本書では、もしかしたら私は必要以上に自分のことを語ったかもしれない。それは「自己のアイデンティティ」について、自分自身で深く探ることの重要性を伝えたかったからである。このグローバル化が目まぐるしく進展する世界で、「自分はいったい何者なのか」「自分はいったいどこから来たのか」「自分は今どこへ向かおうとしているのか」と問うことは、極めて大事だと私は考える。

混乱の時代に自分の行く先に指針をもたなければ、寒風に吹かれる落ち葉のように、時代の流れに翻弄《ほんろう》されてしまう。

外国の文化、もしくは多文化が混在するニューヨークのような街で生きていく時、「あなたはいったい誰なのか」という問いに明確な答えをもたないならば、流浪の民になってしまうだろうし、自分自身の立つ場所を他人に認めてもらうこともできない。

しかし、これはもう外国に居を移した私のような人間だけの問題ではない。日本という国、日本人という日本に住む人々全体も、グローバル化した世界の中で、同じ問いを投げかけられているのだ。

日本という国はどういう歴史を経てつくられた国なのか。日本人はどんな価値基準で生きているのか。そして今後、どのような国造りに励むのか。これらの問いに日本人は明確な答えをもっているだろうか。また、日本人同士、真剣に語り合っているだろうか。

＊ブルーミングデールズの日章旗

マンハッタンの中心部にブルーミングデールズという百貨店がある。

この百貨店の玄関にはいくつかの国の旗が掲げられているが、なぜかいつも日章旗がその中に入っている。売り上げでいけば、もう日本人の落とすお金は中国人のそれに負けているのではないだろうか。それでもこれまで日章旗が外されることはなかった。なぜだろうかと考える。想像以外の何物でもないが、同百貨店の経営者が日本人に対して、よい感情をもっていてくれるからだろうと思う。

日本人は礼儀正しい。日本は戦争をしないと誓った。よい工業製品をたくさん作っている。伝統工芸や芸術作品は非常に洗練されている。和食はおしゃれで健康的である。その他にもいろいろと好ましいイメージがある。

これらの印象は、われわれの先輩たちが営々と時間をかけて築いてくれたものだ。日本人がもつそういう「ブランド」は掛け替えのないものだ。

日本の暖簾《のれん》（ブランド価値）の大きな部分に、平和主義がある。「アメリカに押し付けられたものだから、それを改変したい」とする人がいるが、賢明な策であろうか。

アメリカ在住の作家冷泉彰彦《れいぜいあきひこ》氏は、「アメリカ人は戦前の日本と戦後の日本は別物と考えている。それなのに、戦前回帰を志向するのは不可解に映る」と述べている（『ニューズウィーク日本版』二〇一二年二月一二日号）。私もこの意見に首肯する。

憲法制定過程で日本側のアイデアがさまざまにGHQのもとに届いていたことは確かであるし、戦力不保持は幣原喜重郎《しではらきじゅうろう》首相（当時）自身がマッカーサーに申し出たものといわれている。現行憲法は国民の圧倒的な支持を受け、幾度か選挙という国民の審判を受けて保持されてきたものである。

対アジアだけ考えても、日本が平和憲法をもっている意義は計り知れない。

＊平和の配当

冷戦後、〝平和の配当〟という言葉がもてはやされた。東西の冷戦が終結し、世界は平和に向かうのだ。どの国もその恩恵を受けるのだ、というので、その言葉が浮上した。しかし、湾岸戦争をはじめ地域紛争が起こり、急速に魅力を減じた言葉である。

しかし、こと日本に関していえば、戦後ずっと〝平和の配当〟を受けてきた国だといえるのではないだろうか。いわゆる吉田ドクトリンで、軽武装で経済を勃興させる路線が固まった。それは賢明な選択ではなかったろうか。

もし、ここで九条を改正したとしよう。その場合の経済的なダメージはいかほどのものだろうか。『コストを試算！　日米同盟解体』（武田康裕、武藤功、毎日新聞社刊）によると、日本がアメリカとの軍事同盟を解消した場合、総コストが二三兆円になるという。

日本の国家予算のうち借金返済に二〇兆円超が使われているが、同書によれば既存の戦力を維持するだけでほぼ同額の経費がかかるということである（私は金額で計れないほどの大きなダメージになる、復興は叶《かな》わないと考える）。

しかも、日本独自に核武装したとすると、ＮＰＴ（核拡散防止条約）を脱退することになるが、その場合、アメリカとの関係は極めて不安定なものになるのは目に見えている。経済へのマイナスの影響も決定的なものになると当然考えられる。

＊知恵による安全保障

尖閣諸島問題で中国との摩擦が広がっているが、国民皆兵でなく、また徴兵制度さえない日本が、世界で二番目に軍事費（といってもアメリカの半分ではあるが）を使っている中国と戦争して勝てるわけがない。

自衛隊員数約二四万八〇〇〇人、中国の人民解放軍兵士数約二三〇万人。航空自衛隊戦闘機保有数四六六機、中国二〇〇四機。日本の国防費約六〇〇億ドル、GDPの一％。中国の国防費約一四二八億ドル、GDPの二％（以上二〇一二年ミリタリー・バランス、SIPRI、IMFより）。

まずはこうした事実をしっかり認識したうえで、物事を語る必要があるのではないか。政府部門が大幅な赤字で、GDPの二倍の債務を抱え込み、かつ今後も健康保険、介護など社会保険の負担が著しく増加していくなかで、日本に軍事予算を増やし、国防軍を強化するという選択肢はありえないと考える。

ハーバード大のジョセフ・ナイ教授は「ハードパワー」よりも「ソフトパワー」のほう

が国益を増進させるというが、それは傾聴に値する考えである。ソフトパワーというのは非軍事的な力、言い換えると外交に加え民間交流、歌舞伎であり、映画であり、アニメであり、寿司であり、居酒屋であり……すべて文化的なものを含む、国民全体が話しかけ、働きかける力である。

記憶が確かではないが、新聞記事で読んだものだが、ある収容所は拷問で敵兵から情報を取ろうとしてもうまくいかず、その敵兵の母国の料理を作って食べさせたところ、簡単に必要な情報が取れたという。これは「相手の立場を慮《おもんぱか》る」ことで相手の心を開くという意味で、ソフトパワーの一例である。

日本は非暴力で、賢く自国を護《まも》らなければならない。なまじ軍事力の強化などせず、世界の貧困、搾取、無教育との戦いに参じるべきである。それがひいては日本の経済のためになるのは火を見るより明らかである。

GDP対比の国際援助資金比率は、日本は残念ながらアメリカよりも低く、先進国の中でも最下位のほうだ。この分野でしっかりした政策を維持しているのは、北欧諸国であり、大いに学ぶべきものがある。

＊武器をもつより難しいこと

日本と違い、アメリカは未だ戦争をしている。ベトナム戦争は負けた。イラクとの戦争は勝ったのか？　イラクには原爆も化学兵器もなかった（今、アメリカ人もやっとこの事実の重みを追究しはじめた。私はブッシュ前大統領、チェイニー前副大統領などは戦争犯罪人として告訴すべきだと思っている）。アフガニスタンでの戦争は勝ったのか？　一〇年戦争の疲弊あるのみだ。アメリカ国民の間に勝者としての歓《よろこ》びなど、これっぽちもない。ランド研究所の発表では、イラク、アフガン帰還兵約三〇万人がＰＴＳＤ（心的外傷後ストレス障害）を患っているという（報告書「戦争の隠れた傷」）。両国に投入された兵士の数は約一六〇万人に上るが、その二割弱にＰＴＳＤが発症している可能性があるというのである。

ベトナム帰還兵の心的状況を描いた映画『ディア・ハンター』が有名だが、心に傷をもった若者たちが、今後、アメリカ社会にどういう影響を及ぼしていくのか、懸念材料の一つである。

報道によると、オバマ大統領は第二期の任期中に広島、長崎を訪れたいとしているそうだ。私は彼に宛てた二通の手紙で、その重要性を説いた。ぜひとも実現してほしいと祈る。これは彼の主張である世界の非核化に繋がる行為である。

日本に必要な国防とは、永遠に使うことのない原爆の開発など古典的な軍事力の強化ではなく、現代戦であるサイバー攻撃からの防御、ダーティー・ボム（放射性物質を撒《ま》き散らす小型爆弾）、細菌爆弾、化学兵器（オウム真理教のサリンなど）からの防衛ではないだろうか。アメリカではダーティー・ボムに備える被曝《ひばく》治療薬の備蓄プロジェクトが進んでいる。

私は福島で被曝する作業員の救済にもこうした薬品が必要と日本政府に紹介しに行ったことがあるが、所管の役所を特定することさえできなかった。最初訪ねたのは厚生労働省だが、被曝の関連は科学技術庁を吸収した文科省の担当で、もし自衛官の被曝なら防衛省の所管だといわれた。あるいは、これからは原子力安全委員会の担当となるかもしれないという。結局、霞ヶ関を徘徊するだけで終わった。

話が少し逸れたが、武力に頼らず、他国から信用を勝ち取り、国益を護るのはたいへん難しいことである。深い知恵がいるし、粘り強い交渉力がいる。先見の明を必要とする。文化の違いを理解する必要がある。正直かつ誠実であるとともに、騙《だま》されぬ警戒心と現実的に妥協する胆力が必要である。

そもそも日本の現行憲法は、そういう困難な道を進めと指し示したものではなかったのだろうか。この項の最後にヨハネ・パウロ二世の言葉を掲げよう。

「戦争をやめよ！

破壊の狂気をやめよ！

死以外の何の結果ももたらすことのない状況を我慢することは、もはや許されません。殺人、破壊された町、崩壊した経済組織、医薬品のない病院、放置された病人と老人、引き裂かれ、悲嘆にくれる家族。

道徳的な価値が人種や権力の要請に優先することが認められるならば、平和は可能なのです」

経済は結局、「信義」で回っていく

＊未だ収まらぬ強欲主義

今のアメリカの社会規範は、私がこの国に来た二八年前と比べ、明らかに退化した。しかし、それは日本においても同様に感じる。

まず、どちらの社会も余りに「強欲」に牽引《けんいん》される社会となってしまった。私はリーマン・ショックが起こる前に、強欲に牽引される社会は継続不能であり、必ず崩壊する時が来ると警鐘を鳴らした。

　リーマン・ショックから四年が経過し、アメリカでは二〇一〇年に金融規制改革法が成立した。しかし大手金融機関の行動規範改善はまったくといってよいほどない。JPモルガン・チェース銀行では、CEO直轄のチーフ・インベストメント・オフィスで大博打（その規模が大きいので「ロンドン・ホエール（鯨）」と呼ばれていた）を打ち、約六〇億ドルの損失を出した。金融改革法の精神は、預金保険や連銀貸付の利益を享受している金融機関には、自己資本での投機をしないように促しているのに、である。

　元ゴールドマン・サックスCEO、ニュージャージー州選出上院議員、州知事を務めたジョン・コーザインがCEOとなったMFグローバル社が客からの預かり金を使い込み、欧州での債券投機に失敗し、会社を潰した。

　HSBCはメキシコのドラッグ・ディーラーの資金の洗浄に関わっていたということで、大目玉を食らっている。元ゴールドマン・サックスの取締役であったラジャット・グプタはインサイダー・トレーディングに関し有罪となった。アメリカでのインサイダー・トレーディングの告発は、その後も広がる一方である。なぜこんな単純な「いけないと分かっていること」を止められないのだろうか。

ロンドンではバークレイズ銀行ほか多くの大手銀行が、銀行間取引金利（ＬＩＢＯＲ）を自行に有利になるよう偽って申告。この問題はスイス、ドイツ、フランスなどの大手行にも巨額の罰金を科す方向で波及しそうだ。このように、彼らの行動は一向に変わらず、残念ながら強欲資本主義未だ健在である。

日本も例外ではなく、野村證券、大和、ＳＭＢＣ日興証券の三社揃《そろ》ってのインサイダー取引、ＡＩＪの年金資金に関する詐欺、三菱ＵＦＪモルガンスタンレー証券のデリバティブ取引での大損、みずほ銀行の米国におけるＣＤＯ取引の損失と投資家との和解など、アメリカと「そっくりそのまま」の金融不祥事が起こっている。

もっとも、規制当局の意向も反映し、バークレイズのボブ・ダイアモンド（もともと債券トレーダー）、シティバンクのビクラム・パンディット（もともとヘッジ・ファンドのマネージャー）らが失脚、更迭され、それぞれ社内生え抜きの商業銀行家をＣＥＯに登用するようになり、幾分経営陣の健全化の方向性も見られるようになってきたことは好ましい。これらの銀行ではＣＥＯの給与に関しても、健全化される方向のようだ。

ウォール街、ロンドンのシティー、日本の金融界もこれまでのような経営を継続することはほとんど不可能になっている。ウォール街の投資銀行家の報酬は半減される。これまで「収益（レベニュー）」をベースに決められてきた報酬が、昔のように税引き前利益に連動するように改められる傾向だ。そして、市場が小さくなるにしたがって、人数も大幅に縮小される。彼らは今、縮小均衡点を模索しはじめた。

私はリーマン破綻直後に金融機関については「今は大きくなることを考えるのではなく、小さくなることを考える時」と述べた。野村證券などはまったく逆の道に進み、その戦略が見事に破綻し、やっとまともな方向感覚を見出したようだ。

世界の金融機関の収益は好転したかに見える。しかし、それは各国中央銀行が金利をゼロにし、過剰流動性を提供しているからで、一般企業や個人では決して得られない特別の援助を受けているからに他ならない（もっとも、彼らは未だにそれは銀行ライセンスを有している者の「特権」で、あたりまえだと思っているだろうが）。安定した収益基盤をつくる道のりは遠い。国債をはじめ、あらゆる金融商品の圧倒的な部分に政府が介入することにより価格形成が大きく歪《ゆが》められている。この介入が終わる時、人類がかつて経験したことのないほどの大規模な混乱が起こるリスクは日に日に高まっている。

＊国造りに尽くす

私は子供の頃、「お金に関する話をすることは卑しいこと」という価値観の家で育った。お年玉をねだっても、祖父の回答は「うちは商家ではない」、そういう要求をする

「おまえは、はしたない」であった。というわけで、私はお年玉を貰《もら》った記憶がない（この歳になっても商家に生まれなかったことを恨みがましく思っている）。しかし、そのような躾《しつけ》は我が家だけではなく、日本人の多くの家庭で行われていたのではないだろうか。

前述のように私の母方の曽祖父も祖父、その兄、叔父もアメリカに留学し学んだが、留学、駐在の後は日本に帰って、報酬は少なくとも日本の国造りに貢献した。

この感覚は同じ発展途上にあって、アメリカに留学し、当社のインターンシップに応募してくる中国人たちとは大きく違う。彼らはできればアメリカに残って個人的に成功すること（金持ちになること）を目標としており、「国に帰って国造りに貢献する」という意識はまったくといってよいほどもっていない。

井戸塀政治家という言葉をご存じだろうか。政治家になれば選挙などで私産を蕩尽《とうじん》し、最後は井戸と塀しか残らないといわれたことからできた言葉である。藤山愛一郎《ふじやまあいいちろう》や田中正造《たなかしょうぞう》の名を挙げる人がいる。ある政治家のようにいくつも都心の一等地にマンションをもっているなどというのは、昔であれば考えられない話である。

経団連会長から臨調（臨時行政調査会）の会長となった土光敏夫《どこうとしお》氏は、清貧の生活を送ったことで有名である。資産はすべて橘学苑（土光氏の母親が開いた学校で、氏も理事長を務めたことがある）に寄贈したといわれる。戦後、床屋に一回も行ったことがない、帽子は穴が空いてツギハギだらけ……とその徹底した質素な暮らしぶりは有名である。こういう人物が掲げた行政改革の旗印には、共感する人が多かった。

日本では長く、清貧に甘んじ、世に尽くす医者（赤ひげ）や教師などが深い尊敬の対象となった。

企業でもトヨタをはじめ大企業には、節税することなど考えず、「儲かったら納税するのが市民の務め」という価値観が徹底していた。

私は日本人がかつてもっていた金銭感覚というのは、非常に健全なものだと思う。それが壊れたのはつい最近で、土地バブルの時代と、それに続く小泉・竹中時代に「金融立国」を標榜《ひょうぼう》し、「六本木ヒルズ族」をちやほやした頃からに過ぎない。日本人はまだ健全な金銭感覚に戻ることが可能ではないだろうか（もっとも「アベノミクス」で再度、株や土地バブルを狙う政策を歓迎しているような状況を見ると不安が募る）。

＊論語とそろばん

強欲資本主義の前には、渋沢栄一《しぶさわえいいち》の「論語とそろばん」を持ち出すまでもなく、ビジネスと倫理を兼ね合いで考える世界があったのである。

私が尊敬する日本のエコノミスト高橋亀吉《たかはしかめきち》は『株式会社亡国論』（一九三〇年）を書き、

「強欲資本主義」を徹底して諌《いさ》めていた。本書は今でも読む価値がある。

かの二宮尊徳《にのみやそんとく》は次のような言葉を遺している。

「道徳なき経済は犯罪であり、経済なき道徳は寝言である」

まさに「論語とそろばん」二つながら必要であるという考えである。

『江戸の思想史』（田尻祐一郎著、中公新書）を読むと、江戸の思想家たちが近世経済を目の当たりにして、ビジネスと倫理の問題に真剣に取り組んだことが分かる。

また二宮尊徳を例に出せば、前書には次のようなことが書かれている。尊徳は「推譲の道」を推奨し、富裕な農民は財を使い尽くすのではなく、「親戚朋友の為に譲る」「郷里の為に譲る」ことを力説し、「老幼多き」「病人ある」「厄介ある」家に財貨を分け与えよ、と説いたという。

まさにビジネスと倫理の兼ね合いを考えた説である。

江戸中期の医師三浦梅園《みうらばいえん》はその著書『価原』で、拝金主義を諌め、自然と労働が生み出すものこそ富だと主張したという。梅園は「日本のアダム・スミス」といわれる。

私は企業である以上、そろばんがなければ成立、存続しないと考えるが、一方で倫理的な振る舞いができない企業は先が見えていると思う。倫理というのは企業の背骨のようなものである。背骨がなければ、ふらふらと歩行もできないし、どこに足が向くかも予測できない。そういう企業はやがて内部崩壊するに決まっている。

企業を見る目が厳しくなるほどに、ますますいかに社会的な貢献をしていくかが問われるようになる。見かけだけ立派なことをやっても、そのウソはすぐばれてしまう。企業と倫理という問題は、決して道徳的な次元だけの話ではない。

＊エステーの挑戦

ここでこの項のテーマに相応《ふさわ》しい企業の例を挙げよう。これは新聞で読んだ例で、私が実際に見聞したものではない。エステーという防臭・芳香剤や防虫剤の会社の話である。

二〇一一年三月一一日の東日本大震災で福島県いわき市にある同社の福島工場が被災した。春物の衣替えで防虫剤の生産がピークの時である。

社員からは撤退の意見が出る。しかし、当時社長だった鈴木喬《すずきたかし》会長は、絶対に撤退しない、と宣言したという。「俺たちは日本のメーカーだ。死んでも一歩も動くか。増強することはあっても、撤退はしない」が同氏の言葉である。

新聞には次のような言葉も引かれている。

「会社は何のためにあるのか。存在意義を考え、そこから生まれる心意気で経営することこそ大切である」

この会社がすごいのは、放射線を測る線量計を被災地に送ろうとしたところ、国内の重電メーカーの関連会社三社は、政府と東電に売るので民生用はない、と返答したため、自分で製作することを決断したことである。

しかも、子どもをもった主婦から一万円以下でないと買えないと聞いて、三万円でトントンのものを九八〇〇円で売りに出し、改良型はさらに値を下げて七九〇〇円にした。累計販売台数二七万台というが、もちろん赤字である。鈴木会長は、「長年エステーを支持してくれた消費者のみなさんに一〇〇万分の一でもご恩返しがしたいと思った」とコメントしている。

鈴木会長は、財務諸表を読み込み、数字から経営の実態を読めるプロを自認するらしいが、まさにこれは先に述べた「論語とそろばん」の現代版である。

私たちはこういうストーリーをもった会社があることを知るだけでも、心が豊かになるような気がする。そして、機会があれば応援しようと考える。倫理のある会社はそろばんも合うのである。

きっとこういう「倫理とそろばん」の二頭立ての会社が日本にはたくさんあると思われる。投資銀行家としての私は、微力ながらその支援ができればと思っている。

老舗はたゆまぬ革新でで き上がる

＊一〇〇年企業、二〇〇年企業がざら

アメリカにおいて強欲資本主義が蔓延《まんえん》し、またそれに伴うコストカット第一主義で、徹底して壊されてしまったのが「信用」であり「暖簾」の価値である。

その権化の大銀行を見てみればよく分かる。まず合併合併で巨大なマンモスとなった銀行のサービスは、合併するたびに悪くなる一方だった。そして彼らの信用格付けは、今や邦銀よりも低く、ジャンクボンドの一歩手前である。上級幹部が自分たちのボーナスだけに血眼になり、信用をないがしろにした経営をし続けてきた。顧客を顧みず、株価と自分の給料だけを見ているのだ。

ブランドビジネスの代表であるアパレル業界も似たようなもので、同じブランドでも昔の服と比べると、「あの誇りはどこへ行ってしまったのか」というようなものを売っているところが実に多い。老舗《しにせ》としての誇り、質の維持が優先されていると感じる企業は、イタリアやフランスの中のごく一部である。

日本は一〇〇年企業、二〇〇年企業といわれる老舗がたくさん残っている。創業一〇〇年を超える会社が約二万五〇〇〇社、二〇〇年を超えるところが約一二〇〇社、一〇〇〇年以上続く会社がなんと七社もある。欧州の場合、創業者一族が現在の経営に関わっている例はわずかだといわれる。

一〇〇〇年企業の名前を挙げてみよう。

金剛組（木造建築工事）　五七八年創業　大阪府
㈶池坊華道会（生花・茶道教授）　五八七年創業　京都府
西山温泉慶雲館（旅館経営）　七〇五年創業　山梨県
古まん（旅館経営）　七一七年創業　兵庫県
善吾楼（旅館経営）　七一八年創業　石川県
五位堂工業（非鉄金属鋳物製造）　七九四年創業　奈良県
田中伊雅（仏具製造）　八八五年創業　京都府

老舗企業は、固定資産が多いこと、営業利益より経常利益が多いこと、在庫が多いことが共通する（帝国データバンク産業調査部内藤修氏の説）。何につけ余裕があるので、浮利を追う必要がない。日本の老舗には、質にとことん拘《こだわ》る精神が、まだ残っている。

暖簾を継承すること、また当主は一代のうちに、一つは命を賭けた新商品を打ち出すこと――それが私が老舗に求めることである。

しかし、その物づくりの姿勢は老舗の会社の専売特許ではない。

日本の製造業は中小企業でもっているといわれるが、実際、日本の勤め人の六割は中小企業で働いている。しかし、事業所数が激減していて、一九九二年に四〇万超だったものが二〇一〇年には二〇万超にまでなっている。

しかし、橋本久義《はしもとひさよし》政策研究大学院大学名誉教授は、次のように述べている。

「従業員二〇人そこらの町工場で、世界でヒットする製品を支えている。そんな国は他にない」（朝日新聞二〇一三年三月二五日）。

七年経って地球に帰還した小惑星探査機「はやぶさ」には、「一つだけ世界で一番のものを作る」町工場、中小企業が二〇〇社くらい関係している。そうなのである。この強みが失われないうちに、何らかの手を打つ必要がある。現時点では、ひとえに中小企業のガンバリでどうにか生産力が維持されているが、時には国家的、戦略的バックアップなり、目配りの利いた投資家がオーガナイザーとして関わるようなことも必要であろう。たとえば、マイスター制度のようなものをつくり、職人の技能が継承されていくシステムを国が整備することも重要であろう。あるいは地域ブランドを定着させるようなことも行政が支援できる。

＊日本の先端素材産業の強さ

いま世界中で使われているリチウムイオン電池は、純和製の開発である。日本の先端素材産業は圧倒的な強さを誇り、世界シェアで抜きん出た存在である。開発に何十年とかかるものが多く、その粘り強さは他の国の追随を許さない。長い時間をかけるということは、一〇年先、二〇年先まで時代が読めていないとできないことである。経営基盤もしっかりしていないと、とても持ちこたえられない。

たとえば、帝人の高機能繊維ポランバリアは開発期間約一〇年である。東レ、三菱レイヨン、帝人三社で世界シェアの七割を占める炭素繊維は、開発期間約四〇年である。同繊維は鉄の四分の一の重さで、強さは一〇倍という。航空機や自動車などに使われるものである。欧米メーカーは一九九〇年代までに採算が取れず撤退、あるいは事業縮小に追い込まれている。クラレの液晶テレビの偏光板の元となるフィルム「光学用ポバールフィルム」は世界シェア八割である。

繊維ばかり例を挙げたが、他にも世界で圧倒的な強さを見せつける先端素材がたくさんある（泉谷渉『電子材料王国ニッポンの逆襲』参照）。

＊二つの老舗

私は仕事の関係で日本酒の「松本酒造」、印伝の「印傳屋上原勇七」など古い伝統企業の方と接する機会を得た。欧州のブランド企業以上に暖簾を護る「凄《すご》み」のようなものをもっている、と深い感銘を受けた。松本酒造は一七九一年、京都の東山で創業され、その後、事業の拡大とよい水を求めて現在の伏見に移ってきた。工場は近代化産業遺産として保存されており、観光名所にもなっている。私は松本保博《まつもとやすひろ》社長から次のような話を伺って、感銘を受けた。

「日本酒はご存じのとおり、消費量がだんだん減っている〝マイナス成長産業〟です。このような時代、ただ今までと同じように過ごしているなら、やがては滅びてしまう。なぜ日本酒を飲んでもらえないか。原因の一つは、私たち酒造家自身が〝まずい酒〟を造ってきたからです」

その「まずい酒」の典型がアルコールに糖類などを加えたコップ酒だった。松本酒造は自社の売り上げの中心を占めていたコップ酒事業（新幹線の車内などでも販売）を全廃してしまった。こうした決定はできるようで、なかなかできない。そして、もう一方で、和食以外の食事にも合う「リッシモ」というアルファベット・ブランドのお酒も造り（松本酒造の代表的なブランドは「日出盛」「桃の滴」など)、欧州への輸出にも力を入れている。

今年で創立二二二年の家族経営の老舗の生き方である。大きな売り上げを失っても、止めるべき事業は止める。これは多くの日本企業が現在直面している課題である。しかし、実際にはそうはしない。

事業の大赤字は「しかたない」と許しながら、新しい道を拓《ひら》くほんの小さな投資を勧めに行っても、ほとんどの会社は「今は無理」と応じない。一〇〇億円の損を出している会社が「新規事業をぜひやりたい」と言うので、「それには五億円必要ですよ」と言うと、今度は「できない」と首を振る。これが日本企業のほとんどの実態で、ジリ貧経済の原因である。松本酒造は伝統技術に生きている会社だが、経営に関する発想は新しく、「なんとしても生き抜く」伝統企業の強さをみごとに示している。

もう一つ、甲州・上原家の「印傳屋上原勇七」は創業一五八二年というから、四三〇年の歴史をもつ。鹿革に漆で模様をつけた革細工で、もともとは甲冑《かっちゅう》に使われたという。同社の出澤忠利《でざわただとし》専務とは、数年前にスイスの時計店「ショパール」の銀座店開設の祝いの席でお目にかかり、ここでまた「凄い」と感動するお話を伺った。

それは品質保証に関することである。私は欧州の時計店が、保証書には「一年保証」と書いていても、実際には店員と親しい関係ができると、何が起きてもすぐに修理してくれる「生涯保証」となるとお話しした。すると出澤さんから「当社の製品は『朽ちるまで』が保証です」という答えが返ってきた。パカーンとパンチを食らったように、その一言に圧倒された。「その伝統をどうやって維持しているのですか」と尋ねると、出澤さんは「伝統工芸を維持するのは、毎日生えてくる苔《こけ》を毎日毎日箒《ほうき》で掃除しているようなものです。掃いても掃いても毎日、苔は出てきます。それを毎日また掃いてゆくのです」と話してくれた。これが四〇〇年の伝統の維持の秘訣である。

ブランド企業といいながら、ただ悪戯《いたずら》に拡大を志向する企業も多い。そしてそれらの企業で生き残れるところは非常に少ない。毎日、出てくる苔を箒で掃いてきれいにすること。そういう一見「易しいこと」が、実際には最も難しいことの一つなのだ。

日本にはこうした伝統企業の深い知恵が継承され、未だに豊かに生きているはずだ。「自分たちがいったいどこからきたのか」と振り返ることが、「自分たちの進むべき道を発掘させる」と私がいうのは、こうした立派な先達を日本に見出すからである。

二　グローバル化を超えるもの

日本企業の〝家族主義〟

＊あるブラック企業

イタリア人の九〇％以上が「マンマの料理が世界で一番おいしい」と答えるそうである。イタリア家庭料理研究家のアドリアーナ・ヴァッローネさんは、「目隠しをして、一〇種類のトマトソースを食べ比べてもマンマのつくったものを当てる自信がある」という（朝日新聞二〇一一年八月一〇日）。

彼女の祖父はこんな話をしていたそうだ。神様が質問する。あなたをライオンか羊に変えるが、どっちがいいか。ただし、ライオンなら一日だけの命、羊なら一〇〇日生きられる――彼女の祖父はライオンを選ぶのだそうだ。「おいしいものを食べ、誇り高く生きたほうがいい」とのことらしい。

いかにもイタリア人の選択という気がする。こういう話を読むと、実に羨《うらや》ましい気持ちになるのは、どうしてなのか。われわれはイタリア人のように人生や家族を大事にしてはいないのではないか、と自信がなくなるのである。

私は第二章でピスタッチオ果樹園のバートの例を挙げた。それが企業の原点でもあるし、これからの企業の一つのサンプルでもあると思ったからである。この事業の土台は家族経営であり、周りに集うのは友人たちである。それが一つのコミュニティーをなして好成績を上げているところに、私は未来を感じるのである（私の投資案件の中でもベストの部類に入ることは先述した）。

私の会社がそもそも家族的でありながら、極めて能力主義を徹底した会社である。自分の給料は自分で稼ぐので、社長より稼ぎの多い社員が出ても不思議はないし、長期休暇を取って家族サービスをする社員がいても問題はない（チームを組んでいる場合は、他のメンバーの迷惑になることは当然できないが）。

ここで家族論を展開するつもりはないが、それが下支えになっていない社会や会社というのは、非常に脆弱《ぜいじゃく》なものではないかという気がする。

日本の企業の中にグローバルに展開しながら、「ブラック企業」と呼ばれるところがある。某アパレルメーカーは、新入社員が三年以内に辞める離職率が高いので有名である。二〇〇六年入社組で二二％、〇七年で三七％、〇八年〜一〇年だと実に四六％〜五三％に達する。

同社の創業者である会長は、グローバル経済とは「grow or die（成長か死か）」だと述べている。社員もそのつもりで働かなければならないという。

私は未だかつて世界展開する企業で、これほど人間を見ない、この種の倫理観の欠如した意見を公の場で話す経営者を見るのは稀《まれ》である。先のバートの経営とはまったく対極にある経営観である。経営者が社員を大事にしなければ社員は顧客を大事にしない。

この企業がこれからどういう展開を見せていくか注視していきたいと思っているが、私の理念からいえば、明るい将来像を描くのは難しいといわざるをえない。

＊疑似家族の試み

先述のように、日本では年間三万人の自殺、三万人の孤独死が報告されている。いじめの件数と子供の自殺も増加している（いじめに関しては調査を厳しくしたので数字が出てきただけで、もともと潜在的にかなりの数があったという説がある）。人間の尊厳が重視されない社会は悲惨である。

家族再生の芽をどこに見つけるかというのは、日米ともに難しい問題である。自らの家で家族が過ごせないなら、他人ではあるが、一つ屋根の下でいっしょに暮らそうという動きがアメリカで見られる。私が住むニュージャージーの町にも二軒あるが、「シェアード・ハウス」と呼ばれるもので、大きな家に一七人の高齢者がいっしょに住んでいる。

私はギターの生演奏のボランティアで、少しは愉《たの》しい時を過ごしてもらおうと訪ねたことがある。入居者は未だお元気で介護は必要ないが、自分一人で暮らすには不安があるという人たちだった。アメリカでは特に自動車を運転できなくなると、ほとんど外には出られなくなる。

この方たちは、みなさん自分の個室をもつが、ダイニング・ルームやリビング・ルームはいっしょという暮らしである。外から見れば普通の家で、アパートといった感じではない。「高齢者施設に入る」といった感じではないのである。これも現実に合わせた一つの新しい「大家族」の試みなのかもしれない。

日本でもシェアハウスの動きが散発的にだがあるという。若者同士、高齢者同士、気の合った仲間同士、ＬＧＢＴ（性的マイノリティ）の人同士など、さまざまなシェアの仕方がある。それは、開かれた家族のシミュレーションをしていると考えられないこともないのである。

核家族化が不可避とはいえ、社会も会社も、家族的、人間的な繋《つな》がりを基盤にしないと脆弱性が強まる。さまざまな仕方でその復権が図られることと信ずる。

「宗教」を知れば「世界」が分かる

＊大統領と宗教

アメリカでは四年に一度大統領選挙が行われる。そこで持ち出されるテーマは経済問題はもちろん、中絶であったり同性婚であったりする。それは宗教とも絡む問題で、政治と宗教は日本人が想像する以上に深い関係にある。

アメリカの独立宣言には、次のように謳《うた》われている。

「創造主によって生存、自由、幸福の追求を含む、譲り渡すことのできない権利を与えられている」

個人の自由を保証するのが神であると国の起源に宣言した国である。新しく選ばれた大統領は聖書に手を置いて宣誓する。しかし、特定の宗教と政治が結びつくことは禁じられ、個人の信仰は自由である。

未だに人気の高いケネディ大統領は歴代で唯一カトリックの大統領であった。それに対抗陣営からネガティブキャンペーンが張られたことは有名である。

日本人の感覚からすれば不思議な感じがするかもしれない。私も知らず知らずのうちに宗教的な環境に慣れたこともあって、逆に日本において今、宗教はどんな位置にあるのだろうかと思うようになった。ちなみにアメリカは五〇〜六〇％はプロテスタントで、カトリックが二五％、あとはユダヤ教、モルモン教などがある（これらすべて聖書を信仰する）。

アップルの創業者スティーブ・ジョブズに次の言葉があるが、どこか宗教的な匂いがしてこないだろうか。

「我々の心を高鳴らせるのはリベラルアーツ（教養）に結びついたテクノロジーであり、人間愛に結びついたテクノロジーである」

日本人には「人間愛」など歯の浮いた言葉と思うかも知れないが、理念先行型の欧米人にはよく分かる言葉である。

欧米人はよく会話でも講演でも聖書を下敷きにした表現をすることが多い。それを知って付き合うか、知らずに付き合うかで、だいぶ様子が違ってくる。

＊混合宗教

最近、日本でベストセラーになった『置かれた場所で咲きなさい』は渡辺和子《わたなべかずこ》シスターが書いたものであり、仏教関連では小池龍之介《こいけりゅうのすけ》師の著作もベストセラーになったという。日本にはたくさんのミッション・スクールがあり、その卒業生が親になり、また子供を入学させる例もある。ほとんどの人は洗礼は受けないにせよ、それなりにキリスト教には馴染《なじ》みをもっていると思われる（宗教学者の中には、日本におけるミッション・スクールなどによるキリスト教の影響をもっと考慮に入れるべきだという人がいる）。歴史的には、織田信長の時代、日本はキリスト教が世界の中でも急速に広まった国だった。

日本の多くの家には仏壇や神棚があり、お盆には里帰りし、お墓参りをする風習がまだ色濃く残っている。

宗教学者の島田裕巳《しまだひろみ》氏によれば、大乗仏教をこれだけ長い間守り通した国は他にはないそうである（島田裕巳監修『ほんとうの仏教入門』中央公論新社）。発祥の地インドでは一時ほぼ消滅し、現代の中国では仏教は最も浸透している宗教ではない。日本の場合、世界宗教である仏教にのみ込まれることなく、神道と習合するかたちで受け入れた。これは世界でも稀有《けう》な例であるらしい。

今、曹洞宗の寺院が全国に約一万四五〇〇あり、セブンイレブンの店舗数とほぼ同じである。浄土真宗は信徒数約一二〇〇万人。全体の仏教の信者数を併せると、日本の人口より多くなるという。最近は寺社に参拝するのは年配者ではなく、若年者が多いという。神社などでスピリチュアル・スポットなどといわれて、人気を博しているところもある。

日本人は海外で宗教を問われ、「無宗教」と答えることが多い。諸外国とすれば宗教をもっているのが当たり前という感覚なので、「無宗教」は積極的に選んだものというニュアンスになる。

日本人は無宗教どころか混合宗教といっていいのではないだろうか。「クリスマスを祝い、神社に初詣に行き、葬式は寺に行く」ことに違和感をもっていないからである。これは外国人から見れば極めて理解しにくいことである。信仰があるのかないのか。信仰はあるが、極めて宗教的に寛容で、何でも受け入れてしまうのか。

＊原理原則をふまえた行動

私がここでまるで経済と関連がないように見える宗教の問題を持ち出しているのは、いざ海外に出た場合に、ビジネスの相手が有する宗教的バックグラウンドを理解しておくことが極めて大事だといいたいためである。

社会学者橋爪大三郎《はしづめだいさぶろう》氏が次のように述べている。

「(日本人のよくない点は)他者を信じるあまり、人間の決めた原理原則を大事にしないこと。宗教や法律のような原理原則をきちんとふまえて行動するのでないと、これからの世界の人々とつきあうのにズレが生じる」(朝日新聞二〇一三年一月二二日)

欧米人は枠組みからものごとを考える傾向がある。問題が起きたときに個別に対応するよりは、それが拠ってくる理由を明らかにしながら、全体を押さえるような仕組みを作っていこうとする。そういうもののバックボーンに宗教的なものがあるかもしれない、と橋爪氏は示唆しているように思う。

我々は中国を法治ではなく人治の国とやや揶揄《やゆ》を込めていうが、欧米人からすれば日本も人治(親分子分関係)、もっと正確にいえば集団人治の国に見える。

＊イスラム金融

イスラム教の人口は増え続けている。エネルギー資源をもとに経済が好調でも、「お金」がスムーズに供給されないかぎり、その持続・発展は難しい。ところがイスラム教には、お金に関してイスラム法(シャリアという)による幾多の縛りがある。そもそも利子の受け取りが禁じられているのだから、投資などありえないことになる。

そこでさまざまな手法が編み出され、それぞれイスラム学者委員会（シャリア・ボード）の審査を受け、適格と判断されたものが実施に移される。

簡単な例を挙げると、銀行と顧客の間に売買契約を結び、銀行が購入代金一〇〇円を顧客に支払う。顧客はそれを元手に収益を上げて、銀行に販売代金として一一〇円を支払う。これは一〇％の利子を払っているのと同じことになる。ここで行われる売買は仮のもので、実際はお金が動いているのである（学者によっては適法ではないとする人もいるらしい）。

もしあなたがイスラム教の人と商売をすることになれば、こういった仕組みを使わざるをえない。

先に宗教を知ることは外国人と付き合う際のマナーのようなものとして書いたが、イスラムでは宗教はビジネスの在り方そのものを強く縛っている。宗教を知ることは、ある意味、とてもリアルなことなのである。

＊キリスト教原理主義の狙い

私はカトリックで毎日曜日ミサに行くことは、欠かすことができないし、信仰のない生活というのは今では考えられない（大学までプロテスタントの教会に行った後、三〇年間教会から足が遠のき、五〇歳を過ぎて今度はカトリックの教会に戻った)。

私は子供の頃「日曜学校」に通った。親の命令で「行かされた」のかもしれないが、それは愉しいものだった。普段は賛美歌を歌って、カードを貰い、クリスマスにはみんなで劇をしたり、クリスマス・キャロリングをした。高校生の時は、牧師先生の家にしょっちゅう仲間が集まって、いっしょにご飯を食べて、話をした。受験勉強とは縁がなかったので、そういうことができたのかもしれないが、今から振り返っても、とても大事な時間を教会で過ごしていたと思う。

「宗教などというものがあるから、戦争があるのだ」という人がいる。アメリカの元国務長官のオルブライト女史は、二〇〇六年に『ザ・マイティー&ジ・オールマイティー』という本を書き、世界がますます宗教的対立を深め、国際政治が宗教の影響を大きく受けることへの懸念を表明した。彼女はアメリカ政府自身がキリスト教右派の影響を強く受けていると指摘した。「アメリカは神から特別の使命を与えられている。世界中に民主主義と自由をもたらすのがその使命だ」といい、戦争を肯定した。聖書のどこにも戦争肯定の言葉はない。またイエスの最も重要な教えは「汝《なんじ》の敵を愛せ」ということ、「赦《ゆる》す」ということである。

二〇一二年の選挙でも、エバンジェリコ(キリスト教原理主義)の影響力ある牧師が、共和党のロムニーならびにハンツマン候補はモルモン教であり、モルモン教はカルトであると批判し、票をテキサス州知事のペリー候補に誘導した。しかし、ロムニーが大統領候補者となると、同じ牧師がロムニーを支持しろと喧伝《けんでん》した。オバマはキリスト教徒なのに、である。そこにはなりふりかまわない政治的意図しか感じられなかった。しかし、現実にキリスト教右派はアメリカ政治の中で非常に強い力をもっている。

オバマが第二期大統領に就任した後、彼らの中にはイスラエルとともにイランを攻撃することを望み、平和推進思想の強いチャック・ヘーゲルが国防長官に就任しようとするのを阻もうと、上院議員にロビー工作したグループもある。

＊グローバル化と宗教的感性

キリスト教は過去には聖地奪回を意図し、十字軍を送ったことなどもあったが、現代のカトリックはイスラム教や仏教の存在をしっかり認めている。ヨハネ・パウロ二世はこのように語った（前掲書『世界を愛で満たすために』より）。

「来たるべき新世紀の社会においては、文化的、宗教的なプルラリスム（複数主義）がますます明確な形を取って現れてくることが予見されます。このような状況下において、平和のための確実な基礎を築き、人類の歴史を血で塗った宗教戦争の亡霊を追い払うためには、対話が欠かせません。唯一の神の名は、それが本来あるべきもの、平和という名、平和の掟とならなくてはなりません」

「これほど多くの異なった宗教を神がお許しになったということを不思議に思うよりは、これらの宗教の中にどれほど多くの共通の要素があるかということに、わたしたちはむしろ感嘆の念を持つべきではないでしょうか」

日本でも新法王を選出するコンクラーベの様子は広く報道され、世界で起きている宗教テロのニュースも流され、中東におけるシーア派とスンニ派の争いなどの解説記事なども目にすることが多い。

ＥＵはその発足時に宗教的非寛容を超えることをテーゼとしている。それは欧州が長くアジア、アフリカで侵略を繰り返し、そのバックボーンに宗教があったことが反省されたからである（『アメリカ型資本主義を嫌悪するヨーロッパ』福島清彦、亜紀書房刊）。かつては新教と旧教（ユダヤ教）の対立が深かった時期もある。

そういう経験を積んだキリスト教から見れば、イスラム教徒の一部に非寛容な部分があることは残念である。アルカイダを含む一部の原理主義者は、最近でも日本人も犠牲になったアルジェリアでのテロ活動、パキスタンで学校に通う女学生に発砲、ボストンマラソンのゴール地点での爆破など、陰惨な事件を引き起こしている。

日本もそれを他人事とは思えない状況になりつつある。グローバル化した社会の中で生きようとすれば、宗教的な問題は、どうしても避けて通れない問題なのである。

高度なリテラシーを磨け

＊ペリー提督のおみやげ

アメリカのペリー提督が日本に持ってきたプレゼントは、望遠鏡に時計、電信機、そして白眉は蒸気機関車の四分の一の模型である。最大時速三二キロで走り、その屋根に幕府の役人が乗って喜んだそうである（『朝日新聞』二〇〇九年六月二七日、「はみ出し歴史ファイル」河合敦《かわいあつし》）。

歴史研究家の川合敦氏によれば、ペリーの狙いはもちろん世界最先端の物を見せることで日本人を圧倒することだった。ところが、ペリーたちは日本を知るほどに自分たちの認識が間違っていたことに気付くことになる。

ペリーの贈り物の翌年（一八五五年）、佐賀藩はロシア船に積まれた機関車模型と書籍を参考に、機関車模型を作り試運転に成功している。ペリーは「日本人が一度文明世界の過去及び現在の技能を所有したならば、強力な競争者として、将来の機械工業の成功を目指す競争に加わるだろう」と預言したそうである。

なぜ鎖国の日本でこういうことが可能だったのか。実は鎖国とは名ばかりで、長崎を中心として異国情報をかなり集めていたといわれている。アヘン戦争などの情報収集にも抜かりなく、欧州列強の動きは摑んでいたという。

民度、あるいは民衆の知的レベルでいえば「寺子屋」の存在がすぐに連想される。幕末で全国に一万六〇〇〇軒超、江戸には小さなものまで入れて一〇〇〇～一三〇〇軒はあったといわれている。

和算の発達は著しく、神社に有志の者が自分で考えた数学の問題を掲げ、それを写し取って答えを出した者がそれを掲示することも頻繁に行われていた。中国の暦にズレがあったものを渋川春海《しぶかわはるみ》が計算と計測のうえで正したことは有名である（『天地明察』という映画になったので、ご存じの方も多いと思われる）。

こう見ても日本は従来から「教育」の国であることはよく分かる。資源のない国が生きていくうえで使える財が、〝人財〟に限られるという意識を強くもっていたからだろう。

しかし「ゆとり教育」は、当初の狙いを達成することなく、日本の知的レベルの国際的な評価を著しく低くした。また高等教育における海外留学志向も、早稲田大学などほんの一部の大学を除くとめっきり減っているようだ。それはニューヨークにいても感じることだ。加えて起業家精神となると、これはかつての日本人のたくましさとは比ぶべくもないほど低下している。

もっとも、ほんの一部には私の学生時代とは比べものにならないほど国際化し、世界中を走り回っている若者もいる。ロンドン・オリンピックで見た日本の若い選手たちもたくましい。よい成績を上げた選手ほど世界で競い、世界の多くの選手やコーチたちと練習を積み重ねてきたようだ。

世界中、同じ能力に対する報酬は同じものとなっていく。日本に住んでいるから高い給料を貰えるというのは、だんだんになくなってゆく。よい給料を得るには、能力を高めるしかない。

日本は教育環境が恵まれていることは銘記すべきである。世界には十分な数の大学がない国がたくさんある。日本は志望者が全入できるほどに大学が整っている。第三章に紹介した「ラーニング・アクロス・ボーダー」のドワイト・クラークは、ミャンマーのような高等教育機関がほとんど崩壊した国と比べて、「大学が豊富にある国」がどんなに貴重なことか聞かせてくれた。開発途上の国からすれば、大学全入など夢のまた夢なのである。

＊日本語と英語のバイリンガルに

私は記憶一辺倒の詰め込み教育や、幼少の頃から行われる「お受験」には懐疑的である。私自身、成績はいつも「並み」程度、高校受験は「大学受験のないところに入り込もう」と少しはしたが、その後はどちらかといえば「怠け者」で通した。

私はニューヨーク郊外のベッドタウンに住んでいるが、この市に育つ子のほとんどは、公的教育機関（パブリック・スクール）に小学校から高校まで通い、大学から州立または私立大学に行く。きょうだいが多かったり、親の所得がそれほど高くない場合、または子供自身が希望すれば州立大学に進むが、よい職を得るのに大きな障害はない。たとえアイビー・リーグなどに行かなくとも、それでどうのこうのということはまったくない。のびのびと育った子供たちは、大人になってものびのびと生きているようだ。「よい教育」とはよい人間を育てることであり、それは詰め込みとはまったく異なる次元の話である。この点、「ゆとり教育」もその目指そうとしていたところは正しかったが、実現のための個別具体的な方法が十分準備されなかったのだろう。

日本人が最も大切にし、子供たちに継承すべきものは、何といっても「日本語」だと思う。私はもう生活の半分以上を英語で過ごしており、ワープロなくしてはこうした日本語の文章も書けない。学校で習った古文、漢文などは、ほとんど身についていない。筆で字を書くこともできない。日本語落第生に近いが、しかしこの言語の魅力については十分に理解している。

私自身が劣等生で偉そうなことはいえないが、最近、若いビジネスマンの使っている日本語を見ると、もっとひどくなっているように感じる。日本の新聞には短歌や俳句の欄が必ずあり、日本語は十分に愛されているように思うが、しかしテレビ欄に目を移すと、「これが日本語?」という理解不能な表題が並んでいる（昔からその傾向があるが）。また携帯メールの極めて短い文章（まるで記号の配列のようなもの）に浸りきっていると、しっかりとした文章を書く力、言い換えると表現力も衰えてくるのではないかと懸念する。

読み書きの能力のことをリテラシーというが、グローバル化のなかでそれを高めることは必須のことである。

同時に、英語はぜひとも小さい時から身につけるのがいい。外国語は幼少時に学ぶ（馴染む）のがベストだ。発音、イントネーションなどが自然に身に付く。日本にいても、外国に出ても、とにかく英語を使う機会は多い。

国際社会では英語は不可欠である。シンガポールはすでに一人当たり国民所得では日本を抜いたが、同国の発展は国民全員が英語を使いこなすようになったことと無縁ではない。韓国でも若いビジネスマンは最近、英語が非常に上手になったと感じるし、先般タイで開催された国際会議に出席したが、通訳なしですべて英語のみで行われた。

東京や大阪を国際都市にするのに、最も重要なインフラは「誰でも英語で話せる社会にすること」である。ビジネスマンにしろ、政治家にしろ、海外でも国内でも会議が通訳付きでは、できることは極めて限られる。

かつて大阪府の海外アドバイザーを務めていた時、私は大阪を国際都市にするにあたって、最も効果の高い対策として「なにわっ子はみんな英語がペラペラ」運動をするようにと進言した。

私は子供の頃はタイ語を話せたが、今はイントネーションだけが脳みその中に残っているぐらいである。また住友銀行の研修プログラムでポルトガル語とスペイン語を学んだが、スペイン語はアメリカの日常生活では第二公用語である。かたことだが、ラテン系の人にスペイン語で話しかければ、先方は親しみを感じてくれる（ポルトガル語の研修でブラジルに一年間行ったことがあるので、もう三〇年前になるとはいえ、日常会話程度のものは残っている）。できれば英語に限らず第二公用語もマスターするようにお勧めしたい。私は引退したらイタリア語をぜひマスターしたいと思っている。

＊サイエンスと地理の重要性

中学で学んでよかったと今さらながら思うのは、化学である。当時は、H_2Oをはじめ、原子や分子のことなど何の役に立つのかと思ったが、現実に仕事をするようになると、こうした基礎教育が本当に役立つのである。数学はもちろん化学、物理など科学関係の基礎をきっちり学ぶことは、非常に重要なことである。

地理と歴史は勉強が足りなかったと痛切に感じる。特に国際社会で仕事をする時、世界の地理や歴史に明るくないことは致命的欠陥となる。日本で生まれ育ったので、私はアメリカ人になったとはいえ、国内のいろいろな地方の歴史など極めて疎い。プロテスタントの地なのか、カトリックの地なのか、多くの住民はどこから来た移民なのか、黒人の歴史にはどういうものがあり、ラテン系の人はどのくらいのペースで増加しているのか、その出身地はどこの国なのか、そうしたことを私はよくは知らない。日本は「ほぼ全員日本人」の国なので、こうしたことに配慮する必要は小さいかもしれないが、一歩日本を出ると、必要度が違う。

中国は漢民族以外が統治したり、小国に分かれていたことがある。欧州も小国が割拠していた。国際社会で暮らし、また日本に外国人を多く受け入れようとするならば、国際的な歴史、地理はぜひ学んだほうがいい。

心を込める――それが日本のビジネススタイルである

*評価される日本人の「礼儀正しさ」

朝日新聞前主筆船橋洋一《ふなばしよういち》氏が、日本国際交流センター理事長だった山本正《やまもとただし》氏の追悼文を書いていた。山本氏はさまざまなチャンネルで日本と世界の橋渡しを行った人で、下田会議、日米欧委員会、日韓知的交流会議、アセアン・日本ダイアローグ、日米中協力プロジェクト……などに関わっていた。

九〇年代の末に、パリで「欧州とアジア」をテーマにした会議が開かれ、船橋氏も出席したという。関係者の集まった食卓で、韓国の外交官が「アジアにもジャン・モネが必要だ」と発言したところ、そこに列席した人間が何人も「タダシがジャン・モネだ」と声を上げたそうである。ジャン・モネとは欧州統合の生みの親で、生業はコニャックの輸出で、決して官位を求めなかったという。それが山本氏の生き方とダブるということだ。

船橋氏は山本氏を「謙虚だった」と言い、「謙虚さは、戦後の日本の出直しに何よりも必要な条件だっただろう」と述べている。山本氏の友人ユスフ・ワナンディＣＳＩＳ（戦略国際問題研究所）副会長も、「タダシの魅力は謙虚さだ。日本の戦後の魅力もまたそこにある」と述べているという。

この話を出したのは、外国人が日本で最も強い印象を受けることの一つは礼儀のよさで、それは大変な日本人のソフトパワーだと思うからである。会社の応対でも、ホテルやレストランの接客でも、日本人の礼儀作法は世界のどこよりも抜きん出て素晴らしい。しかも、その心の込もったおもてなしは、チップを貰いたいがためではない。礼儀作法とは、日本人の「他人を慮る心」を表していると思う。

日本のタクシーで財布を落としたことがあるが、運転手に電話をするとすぐに届けてくれた。書類をタクシーに忘れた時も同じである。オーストラリア人の友人が携帯電話を落とした時も、翌日ホテルに届けてくれた。日本人は一般に非常に親切である。

日本以外で思い出すのは、イタリアのフィレンツェである。落とした財布をタクシーの運転手がホテルに届けてくれ、私がお礼にちょっとした金額を払おうとすると、彼は「あたりまえのことをしたのだから」と丁重に断り、ようやく届けた距離程度の料金を受け取ってくれた。外国でこうした親切に触れると、強い印象となって残る。

残念ながら、私が住むアメリカの大都市では、まずはありえない。あれば奇跡に近い。

接客業のサービスの質は低下するばかりである。何でもコストカットで、従業員の給料は下げるだけ下げ、訓練もせず、会社に大事にされない社員は、顧客を大事にしない。ニューヨークのトレンディーな高級レストランに行くと、確かにサービスもよいが、「たくさんチップ頂戴」という言葉が顔に書かれている。

そのアメリカでも田舎に行けば、オーナーが所有するレストランや店では心の込もったサービスがまだ残っている。しかし、コストカットを徹底して進出してくる全国チェーン店にはなかなか対抗できず、数はドンドン減っている。寂しいかぎりである。

礼儀作法や躾となると、欧州はアメリカよりはるかに行き渡っていると感じる。家庭で子供の頃からしっかり躾けているのだろう。

スイスの友人ピエール・アラン・マティエーとモニカ夫妻には三人の素晴らしい子供がいる。モニカはドイツ人の父とタイ人の母の間に生まれ、主に欧州で教育を受けたが、タイの人々の礼儀作法も受け継いでいる。マティエー家を訪れていつも感心するのは、三人の子供が、いつも明るい笑顔できちっと挨拶し、子供ながらに話をしたり、もてなしてくれることである。アメリカ人の子に比べ、彼らは昔ながらの躾や礼儀作法を保っているように感じられ、羨ましく思うのである。

＊見えざる財産

日本国内でいえば、躾ができているというのは、社会人となった時点で他より頭一つ出ているということである。その好印象は海外に出ても有効である。確かに欧米式のマナーがあるが、形式的なことよりも「モデスティ（modesty）＝謙虚さ」「ポライトネス（politeness）＝礼儀正しさ」などの価値のほうが大事である。

ところが、その大切な徳目にも黄信号が灯ってはいないだろうか。一人っ子が増え、プリンス・アンド・プリンセス扱いすることで、子供のわがままは増長する。大人になれば、その非を悟らざるをえないわけだが、できれば早期のうちに訂正したいものである。

私は子供の頃、講道館で柔道を、大学時代はサークルで新宿警察署の道場で剣道を習った。これらの伝統的な武道で、私は礼儀正しさやきちんとした呼吸法を身に付けた。二〇一三年から日本の中学校で柔道の授業が必修化されたというが、歓迎すべきことだと思っている。これらの授業を通じ、生徒が町の道場主や警察官などの社会の他の構成員を知り、指導者として尊敬するようなことも大事だと考える。

*サービスの国の本領発揮

アメリカのレストランは「チップ欲しさ」が明々白々であると前述したが、日本人の礼儀正しさのほかにホスピタリティの高さを、やはり強力なソフトパワーとして挙げておくべきだと思う。

今、中国に進出している日本のコンビニは、日本式のこまやかな接客を徹底して、地元の商店などと対抗していこうとしている。値段だけが勝負ではないのだ。ようやく自分の長所に気付いたというところかもしれない。資生堂などの化粧品会社も、日本で美容部員が直接、顧客に化粧法を指導しながら販売を行うような、いわゆる手間のかかるサービスを展開している。

警備会社セコムはイギリスに進出し、この一〇年で売り上げが倍増しているという。警報器が鳴ると、客に通報するだけでなくセコムの従業員が駆けつける。装置に問題があれば、すぐに修理に行く。こういう日本では当たり前のことを積み上げて、好成績を上げているという。

話題になったのは能登の老舗旅館加賀屋が台湾に進出したことである。加賀屋は「プロが選ぶ日本のホテル・旅館一〇〇選」(旅行新聞新社主催)で三三年、連続一位を獲得した旅館で、日本でのサービスをそのまま台湾に持ち込んだという。

加賀屋は配膳などのバックエンドをいかに短くするかなどさまざまな工夫を凝らして、従業員が宿泊客の近くにいる時間をなるべく多くするようにした旅館である。

この種の例は枚挙にいとまがない。日本人自身が海外に出て、他国の人々と触れ合うことで、かえって自分の長所を再認識したのである。

ニュージーランドの『ドミニオン・ポスト』紙の記者レベッカ・パーマーさんは東京での三カ月の暮らしを切り上げ、母国へ帰ることになって、心配事が頭をもたげるようになったという。東京での生活があまりにも快適すぎて、元の生活に戻れないのではないか、というのである（『朝日新聞』二〇〇八年一二月二三日「私の視点」）。

どこにでもある自動販売機、二四時間営業のコンビニ、おしぼり、良質でおいしい食べ物や飲み物の選択肢の多さ、ずっと温かい便座……。

パーマーさんの母国ニュージーランドは水力発電の国で、雨が少ないと役所が節電を呼びかけるそうだ。ペットボトル飲料もゴミになるのであまり買わない習慣だったのが、日本に来て崩れたという。日本を彼女は「ベストなものを、今すぐ欲しがる」国と表現する（一方で、それは使い捨てのスタイルでもあると厳しく指摘する）。

よく日本の携帯や自動開閉の蓋《ふた》が付いたトイレは〝ガラパゴス〟といわれるが、ＬＩＮ

E（日本発スマートフォン向け無料メール・通話アプリ）ではそのガラパゴス携帯から生まれたスタンプ（絵文字）が人気を呼び、自動開閉トイレは外国人に評判がいい（便器に近づいたら蓋が開いたといって笑ってしまう外国人がいるらしい。ぜひ我が家に欲しいと注文して帰る人もいるという）。

この過剰な心遣いは時に行き過ぎることもあるが、日本の特徴であることは確かだ。原子力発電を抑制する意味でも、あまりに電力の消費を増やすものは、快適さとの兼ね合いを考える必要があるが、他者へのこまやかな配慮はやはりソフトパワーとして忘れてはならないものだろう。

精緻そして美的なテクノロジー

＊国がブランド

国際コンサルタント会社フューチャーブランドが「国」の〝ブランド〟評価を行い、それによれば日本はスイス、カナダに次いで三位だという（二〇一二年一一月発表）。ＧｆＫローパー広報＆メディア社の発表でも日本ブランドは六位である。

両社とも国の分野ごとのイメージを各国で聞き取り調査をしてランク付けをしていて、日本はテクノロジー、観光、伝統文化などで最高得点だそうだ。

中でもテクノロジーに関していえば、特許数で世界一は中国だが、技術の評価を加味した指標ではアメリカと日本が今でも抜きん出ている。ＧＤＰでは中国の後塵を拝する日本だが、働く一人あたりの生産力と所得の伸びでは日本は一〇年以上、アメリカより成績がいい（もっとも今後の円安政策では、この成績は崩れるであろう）。

日本のテクノロジーへの評価には底堅いものがあるが、単に機能的に優れているというより、そこには微妙な美意識や清潔感といったものが反映されている。

日本人自身は余り意識することはないようだが、その優れた「芸術性」は特筆されるべきものだ。私の独断をいえば、民族として最も芸術性の秀でた国民は、イタリア人（ミケランジェロ、ダ・ビンチ、ラファエロの国）と日本人だと思う。

外国人が日本人を高く評価する理由はいくつかあるだろうが、芸術性の高さはその中でも最も大きな要素の一つであろう。特に欧州やアメリカの人々は、「憧れ」とでも呼ぶべき感情をもっている。日本人以上に、その芸術性を評価しているかもしれない。これは何も今日に始まったことではなく、天正遣欧少年使節が信長の時代にローマ教皇を訪ねた時に持参したみやげ物の評価あたりからずっと続いてきたものだ。

たとえば、花を一輪挿しに活《い》けてみたり、贈答品を袱紗《ふくさ》で包むその包み方など、実に繊細な部分にまで日本人は心が行き届いている。禅宗の寺の仏像や天井画にも、日本の深い精神性が宿っている。

江戸時代に花開いたさまざまな芸術は、目を瞠《みは》るものばかりである。芸術大国と呼んでも間違いはないのではないかと思う。城や寺は欧州の教会に匹敵するし、庶民の文化も根付けや千代紙などほんの小さなものでも芸術性に溢《あふ》れている。浮世絵は後にゴッホなど欧州の画家に強い影響を与えた。「幸福な人々が住む国」といえばブータンを思い浮かべるが、かつての日本もまた「貧乏ではあるが貧困ではない」人々が幸福に暮らしていた国ではなかったろうか。

自家に伝わる日本の根付けの歴史を数世代にわたって追ったTHE HARE WITH AMBER EYES（琥珀の眼の兎）という本がある。著者はエドマンド・ド・ヴァールである。その本の中に実に印象的な文章があるので紹介しよう。

「うるし塗り、根付け、浮世絵――どれをとっても日本のものはある場所の一幅の絵を魔法のように現出してくれる。感覚がつねに新しく、芸術が日々の生活から生まれ、すべてが永遠の美の流れに漂うような、そういった場所の絵である」

神経が細部まで行き届いた仕事の仕方は、日本人のお家芸みたいなものである。そこに美的な要素が利いていないと納得しないのもまた、日本人の在り方である。拙宅でも江戸中期につくられたお花見重を居間に飾り、日本の伝統を常に見直す材料としている。

私のオフィスは「日本クラブ」と同じビルにあり、同クラブでは陶器などの日本の工芸展が開催される。すばらしい作品について主催者に「今でもつくれるのですか」と聞くと、「もうできません」という回答が返ってくることも多く、残念である。

日本人の美的な長所が一朝一夕に消えることはないと思われるが、伝統工芸の世界が急速に崩壊していることを思えば、なにがしかのサポートが必要だろうと思う。それは工芸美術学校のようなものを全国に作って、そこで技術と美的センスを磨きながら、工房として製品を世に送り出していく仕組みのようなものである。

伝統工芸の工房を閉じた場にしないためにも、常に新規のアイデアを部外者から、また外国からも持ち込まれるような場であるべきだと考える。異なったデザインをする人々がスペースを同じくすることで、意外なコラボが生まれるかもしれない。

もう一つ、直接経済と関連したことではないが、美的、文化的に高いところにいる日本人だからこそ、困窮している芸術のための支援に手を差し伸べてはどうかと考えている。

今世界中で芸術家が苦境に立たされている。音楽家は、インターネットでの配信が普及し、これまでのようにレコード、テープ、ＣＤを販売して収益を上げるということが、ますます困難になってきた。もう一方で、パトロンを得ることも難しくなった。

画家も同様に困っている。バブル時代に競って絵画や彫刻を買い集めた「にわか成金」がいなくなり、同時に企業の社会貢献としての芸術活動の支持も消えうせた。あぶく銭がなくなると同時に、芸術家を支援するお金が枯渇した。

音楽や絵画を生業として生きてゆくことは非常に難しくなった。しかし、時代を超えて後世まで残るのは、コンクリートで固めたビルや道路ではない。大きな地震でもあれば、東北の大震災で経験したように、そんなものは壊れてしまう。

日本人には豊かな芸術性がＤＮＡに沁み込んで伝えられている。とすれば、その心を芸術支援に少しでも振り向けたいものだ。

経済を下支えするもの

＊国家リスクが少ない

次にもう一度マクロの話をしようと思う。

民主主義と経済は密接な関連があるという話である。まだアジア諸国が未成熟な時に、アメリカが全幅の信頼を置いて付き合える国は日本しかなかった。憲法を含め、民主主義の一等国である。

今は盛んにミャンマーに企業詣でが起こっているが、まだ国会議員の四分の一は軍人でなければならないという憲法がある。その改正がうまくいくかどうか予断が許さないわけだが、もし後ろ向きの結果になるようであれば、ミャンマーの民主化、経済発展は遅れることになるだろうと思われる。先進諸国が投資に慎重になるからである。

「アラブの春」と呼ばれたリビア、エジプトなど、その後の民主化は明らかに欧米諸国の人々が望んだ西欧型民主主義とはなっていない。われわれが知っている「民主主義」をもたらすということは決して簡単なことではない。言論の自由、信仰の自由でさえなかなか実現できないのが現実だ。

世界には政治制度ばかりではなく、WTO、NPTなどの国際的な枠組みがある。それに加入しているかどうかも、国同士が付き合えるかどうかのメルクマール（指標）になる。中国がWTOに加盟したのが二〇〇一年のことである。

そもそも無条件降伏を受諾した日本の戦後をどうデザインするかというときに、アメリカ政府が信頼したのは、日本の中にリベラル派がいたからである。ロンドン軍縮会議など外交の場で小村寿太郎《こむらじゅたろう》などの日本のリベラル派に接することで、日本のプラスのイメージが先進諸国に埋め込まれていた意義は小さくない。占領軍が、自らが直接統治するよりは間接的なほうが得策と踏んだのは、日本にそういうリベラル層がいたからである。

しかし、現代の日本人は自国が「民主主義国」であることのありがたみをほとんど意識していないように見える。それは「空気」のように与えられている、あたりまえのものだと思っている。しかし、たとえば言論の自由が存在しない国は、同じアジアでもあちこちにある。

私の『強欲資本主義 ウォール街の自爆』が中国語に訳され、同地で販売された。翻訳に関して、ある部分を数行削ることの了承を求められた。それは中国の政府系ファンドが、アメリカの著名なファンドにいわば騙《だま》された投資案件について書いた部分だった。この部分が検閲に引っかかるという。私は「その部分こそ、中国の人が勉強して役に立つ部分だと思うが、削りたいならどうぞ」と返事した。しかし、「中国には言論の自由はない」と痛感するところとなった。

最近では、中国共産党の特権階級の不正蓄財を追及する記事を掲載したニューヨーク・タイムズ社員のビザが更新されず、結局国外退去となっている。

アメリカではマーチン・ルーサー・キング・ジュニア牧師らの努力により、今からたった五〇年ほど前、公民権法が成立するまで、黒人は人種差別されていた。二〇一二年の大統領選挙で共和党がオハイオ州、フロリダ州などで、貧困層にできるだけ投票できないようにするよう画策したことは先述した（第一章参照）。

このように「民主主義」は、簡単に妨害されかねない脆弱なものである。独裁者は常に「ややこしい」民意など無視し、自らの権力を拡大し、政治を牛耳ろうとする。民主化運動が起こり、旧政権を倒しても、やがて登場したのもまた独裁者だったという例は枚挙にいとまがない。

民主主義を戦って勝ち取った記憶が明確な国では、人々はその価値を強く認識している。旧共産圏や、独裁者に支配されたことのある国民は、「民主主義」のありがたみを骨身にしみて知っている。

それと比べて、日本は自らがもつ民主主義に痛切な思いをもっていないように見受けられる。しかし、もし「個人の尊重」など国民の権利を掲げた憲法一三条に制限が加わったらどうだろう。実際、自民党はその改正を謳っている。

民主主義は不断の努力なくして護れるものではない。むしろ絶えざる戦いによって、初めて護れるものではないだろうか。

＊日本が示すべきモデル

私は、日本は暴力（軍事的な問題解決）を否定し、基本的人権や命を尊ぶモデル国家（社会）になるべきだと思っている。

それはアメリカで頻繁に起こる銃乱射事件を目にして、明治に「刀狩り（一八七六年、廃刀令）」が行われて以来、一般市民が銃や刀を持たない日本社会は素晴らしいと感じているからだ。

また日本に国民皆保険、高齢者介護制度があるのも、アメリカから見れば羨ましい。アメリカは「貧乏人が金がないのは自分のせいで、その結果病院の前で死んでもしょうがない。それが自己責任だ」と考える政治家（二〇一二年の大統領選挙でバウチャー制度を提案した共和党ポール・ライアン）がいるし、かなりの支持を集める。

アメリカ人に比べて、日本人ははるかに「ハト派」であり、憲法改正議論が起きている現状には若干それが揺らぐ懸念をもつが、大多数の日本国民は決して好戦的、国粋的な右へとはなびいていかないものと信じたい。

アメリカはよく理念国家だといわれる。日本やイギリスのように歴史の古い国はコモンセンスが言わず語らず出来上がっているものだが、若い国アメリカは常に言葉にして表明することで、国家としての求心性を保っている。

もし日本が戦前的な価値観を引き継いだ国だったとしたら、おそらく戦後の急速度の復興はできなかっただろう。これは確信をもっていえる。

国際的な人権問題でも、日本はもっと自分の意見を旗幟《きし》鮮明にすべきだという意見がある。たとえば、ミャンマーのアウン・サン・スー・チー氏が軟禁状態の時に、軍事政権に日本は何も抗議の声を上げなかった。ミャンマーの人々からすれば、不信感をもつのはよく分かることである。日本の姿勢はこういう問題に対し常に日和見的（自分の問題ではないから関与しない、という姿勢）すぎるように感じる。

それこそ品格ある日本になるためにも、そして経済の振興のためにも、非戦を誓う民主主義は最も大事な価値観なのである。ソフトパワーの中でも最強のものかもしれない。

三　これからの日米の課題

人口構成、そしてエネルギー政策

＊アメリカにとって重要な国

日本人が日米関係を考えるとなると、当然ながらどうしても日本を中心に考えることとなる。私もこれまで講演会を行い、論文をいくつか書いてきたが、アメリカの永住権を得て、アメリカに在住している者とはいえ、やはり日本からの視点で論じてきたと思う。

今回はアメリカの大統領選挙で初めて投票した、「日本を祖国としてもつアメリカ国籍の人間」として、日米関係を論じる初めての機会となる。

アメリカと日本との関係は、日中または日韓（あるいは日朝）、あるいは江戸時代のオランダを窓口とした欧州との関係に比べても、歴史は浅い。

しかしながら、ペリーの砲艦外交（黒船）により日本は鎖国から開国へと大きく国の進路を改め、近代国家建設へと邁進《まいしん》した。封建国家から、民主国家への長い道のりを歩んだが、それは「日本的」なものを捨て、欧米の制度や習慣に合わせてゆく歴史でもあった。

アメリカは日本を植民地とし、収奪するようなことはしなかった。アメリカと日本は戦争をし、アメリカは広島と長崎に原爆を落とし、多くの一般市民の命を奪った。また在米日本人移民を、強制収容所に閉じ込めた。しかし、沖縄は返還した。ロシアや中国に占領されていたなら、現在の日本のような国になったか疑わしい。ロシアは未だ北方領土を返還しないし、尖閣《せんかく》諸島はご存じのとおりだ。

日本の戦後の経済発展は日米安全保障条約、アメリカから日本への経済的な支援、朝鮮戦争やベトナム戦争での特需抜きには語ることができない。私は子供の頃、小学校の給食で、アメリカ援助のまずい脱脂粉乳のミルクをいやいや飲まされた年代に入る。それはとてもまずかったが、日本人の体格がよくなり、子供の体力がつくには、重要な役割を果たしたと思う。

日本にとってアメリカは重要な国である。「世界で最も大事な友邦」であることは間違いないだろう。そして、アメリカにとっても日本は唯一ではないかもしれないが、最も重要な国の一つである。欧州を見た時に、最も大事な国は間違いなくイギリスだろう。隣国として、カナダ、メキシコは重要である。太平洋を見通した時、最も重要な国として日本が見えてくる。ロシアよりも、中国よりも、もっと大事なのは日本との友邦関係であることに間違いない。日本はイギリス、カナダなどに並ぶ最も重要な同盟国である。

*大きな転換点

しかし、日米関係も大きな転換点を迎えていることには間違いがない。その理由を私なりに示してみたい。

まず経済全般において日本は永く「アメリカに追いつけ、追い越せ」とやってきたが、人口がアメリカの半分である日本が、GDPでもアメリカの半分、一人当たり国民所得ではほぼ同じレベルということで、これは「もう追いついてしまった」ということではなかろうか。住宅事情はアメリカに及ばないが、生活水準、働くオフィスの環境、繁華街の様子など、ほぼ同じである。それは「アメリカに追いつけ、追い越せ」が目標とならず、日本は日本で自分自身の目標を立て、自分自身の歩む道を自ら見出していかなければならないことを示している。

その際に、両国において、人口構成が大きく変わってきていることに注意したい。日本は高齢化先進国だ。アメリカは白人の比率が七割前後、ラテン系住民の比率がますます上がってきている。スペイン語は第二公用語であり、マイアミなどでは英語よりもスペイン語のほうが先に耳に入ってくる。この人口構成の変化が、政治や経済にも多くの変化を与える。アメリカの中で経済的な発展をより進めやすい地域（たとえばテキサス）と、勢いをなくす地域（たとえばデトロイト）も明確になってこよう。日本の人口は減少しているが、アメリカの人口は未だ移民の流入により増加している。これは、両国が目指す経済社会が、異なるものとなることを語っている。

日本のこれからの最大のテーマは「いかに高齢者を養うか」であり、アメリカは中産階級の再構築が最大のテーマとなろう。このような人口構成の違いを考えると、同じ財政再建といっても、アメリカのほうが日本よりもはるかに楽というか、取り組みえるテーマと思われる。日本は、アメリカよりもむしろ欧州や韓国、中国などに対して、「高齢者大国」の経済モデルを示す立場にならなければいけない。日米両国は、社会のあり方が著しく異なりはじめたということを十分に理解したうえで、経済や外交について語らなければいけないと考える。

＊中東依存から脱却

アメリカの軍事、外交で大きく変わると思われるのは、中東ならびにエネルギー政策だろう。まずイスラエル・イラン問題を考えると、アメリカにとって極めて重要なのはイスラエルで、これは変化が起きようがない。しかし、日本にとってイスラエルは極めて馴染みのない国である。国際的なイランの経済制裁には日本も追随しているが、果たしてどこまで歩調を合わせるのか。日本にとってイランの石油は大事だが、アメリカはそんなことには配慮しないだろう。オバマは好戦的ではない。彼はノーベル平和賞受賞者で、アメリカの兵隊を海外に送ることはできるだけ避けようとするだろう。しかし、下院を支配する共和党のほとんどは好戦的であり、キリスト教右派の強い影響を受けている。

＊エネルギー政策の転換点

エネルギー政策も大きな転換点にある。アメリカはシェールガスの採掘が可能となり、この安価なエネルギーで国内需要をまかない、エネルギー自給に向かっている。アメリカはやがてサウジアラビアを抜く産油国となり、ロシアを抜く天然ガス産出国となり、世界で圧倒的なエネルギー大国となる。それはまた国内景気刺激策ともなる。中東まで石油確保のために戦争に行く必要性は、今後大幅に減少していく。一方、中東の石油の最大の輸入国は中国となり、彼らはシーレーンの確保に海軍を増強するだろう。

またそれは、環境政策にも影響をもたらす。私はニュージャージーに住み、二〇一二年一〇月末のハリケーン・サンディーの被害に遭った。ニュージャージーに一〇月末にハリケーンが来るなど、異常である。しかし、竜巻、山火事、干害等々、アメリカのどこもかしこも〝異常〟が常態化している。間違いなく異常気象である。オバマ、そして民主党は異常気象に対処し、新エネルギーの開発に意欲的だ。しかし、議会を握っている共和党は、安価な天然ガスが豊富に採れる時、割高につく新エネルギー源の開発には極めて消極的で、京都議定書のような産業抑制的なものには徹底して反対するだろう。

一方、日本のような巨大地震の発生が予想される国で、原発再開というのは余りに世界に対して無責任だ。アメリカ政府の一部の人間を含め、思慮の浅い人間が日本が原発再開することは必要というが、それは全国民を代表した声ではない。ハワイや西海岸には津波被害の残骸が多く漂着し、アメリカ国民もその怖さを認識している。福島第一原発からは多くの放射性物質が放出された。これを現代の技術で護れると考えるのは奢《おご》りだ。想定できないような地震から、原発を護る技術など人間はもっていない。原発は大惨事になれば、人類を滅亡させる可能性のあるもので、日本が勝手に存続を決められるような問題ではないはずだ。

アメリカが石油を巡る中東との対応に軍事力を割かなくなれば、その目は、拡張主義をますます主張するであろう中国に向かうだろう。安い労働力を求めて、中国に生産工場を移転することにはますます制限がかかり、アメリカが中国をＷＴＯに提訴する機会も増えるだろう。人民解放軍によるサイバーアタックに米国防省は怒っており、コンフリクト（抗争）の種は増えるばかりだ。アメリカ国債の多くが中国に買われてはいるが、アメリカは通商面で、そして軍事面でも、中国の世界攻略を抑制すべく動いていくことになろう。日本は良くも悪くも、その大きな影響を受けることになるだろう。

まだ残る過去の人的遺産

＊日本への評価

私はアメリカにおける日本の存在感について触れたい。「目立たなくなる日本」という側面のあることは否定しがたい。まず、人々が普段手にする工業製品であるが、日本製品はことごとく減っている。自動車はトヨタ、ホンダを除くと、だんだん目立たなくなってきた。エレクトロニクス製品は、テレビ、携帯含めて、これも小さな存在になっている。ウォール街での日本の証券会社の存在感はほとんどない。また一流大学のビジネス・スクールでの日本人学生の存在感も極めて小さいという。

このようにアメリカ人の通常の生活の中で、日本の存在は次第に「目立たなく」なってきている。ただ、寿司、醤油《しょうゆ》などの食文化はしっかり定着し、今や中華料理よりも人気があり、普及しているのではないだろうか。

私は仕事柄、アメリカ企業に世界の企業との提携を斡旋《あっせん》している。相手は欧州企業、日本企業、韓国企業が中心だ。アメリカ人の経営者の多くは、今でも「提携するなら日本企業」といってくれる。特に今後行く道が平坦ではなく、紆余曲折《うよきょくせつ》が予想される時、お互いに信頼感の強い永い関係を築き、いっしょに歩もうとするならば、相手は日本企業だといってくれる。

「サムソン？　決めるのも早いが、止めるのも早いよ。だから強くなったのだろうが」というのが、一般的なサムソンや韓国企業のレピュテーションではないだろうか。彼らに勢いのあることは間違いない。なにせ日本企業は意思決定に時間がかかるか、そもそも決定自体をしない。しかし、もし決定したとなったら、これほど望ましい相手はいないのだ。

このような評価は、戦後間もない頃からアメリカに市場開拓に来た先陣による大きな無形の功績だ。この他国にないレピュテーションは未だに生きている。

二〇一一年三月一一日、東北地方を大津波が襲った後、日本人の見せた姿は世界中の人々に大きな感動を与えた。アメリカ軍も被災地の救援に当たり、それが日本の人々に感謝されたが、「トモダチ作戦」はアメリカ軍の歴史の中で、最も評価された平和の作戦として記録されたことは間違いない。印象に残ったのは、東北地方の砂浜に被災者が「Thank You USA」と書いたことである。これはむしろアメリカ軍人、そして一般のアメリカ人こそが感謝したい気持ちだった。

このように、アメリカ人の日本人に対する評価には未だ高いものがあり、全般的には「信頼できる人々」という感情が維持されていると考える。

＊共につくり上げる関係に

今後の日米関係を考えるならば、「日本がアメリカを追い抜いた」「日本はもはやアメリカから学ぶものはない」といった競争原理の中で考えるのではなく、お互いの努力で養ってきた信頼感の上に、共に肩を組み、何を構築していくのかを考えるべき時代に入るのではないだろうか。

日本は島国の弊が抜けず、どうしても国際関係を「攘《じょう》夷《い》」か「開国」かで考える癖がある。また「対米（海外）進出」という旧態依然の概念も生きている。ＴＰＰ問題など、その典型的なものだ。そうではなく、どうしたらお互いに学び合い、いっしょに働き、強いところを活かし、弱いところを補い、自分たちだけではできないことを、共に力を合わせて成し遂げることができるか、を考えるべき時代だろう。どうしたらいっしょに新たなものを生み出すことができるのか、ということこそ共通のテーマとすべきである。

先に書いたように、時代は大きな転換点を迎えている。両国が置かれている状況も、今後進むべき道も、直面する課題も異なるものが多い。それをきちっと見定め、友邦としての信頼感の強い基盤の上に、両国民が手を携えて構築できるものは、決して小さなものではないと信ずる。

際立つ行政の長のリーダーシップの違い

＊間違いだらけの地方行政

一人のアメリカ人として、日米の国家を導くリーダーシップを比較するならば、なんとも心もとないのは日本だ。首相がコロコロ代わるのもそうだし、それぞれの首相がいったい何を国民に約束し、実行しようとしているのか、よく分からない。二党制になるのか、また今後多党制に戻り（少なくとも二〇一二年の衆議院選挙の結果はこの方向だった）、しかも政権はさまざまな党の組み合わせによる不安定な連立になってゆくのか。国民は余りに移り気で、しかも選挙制度がそのブレを大きく反映するようにつくられている。

アメリカから見ていて安心できるのは、政治家よりもむしろ財務省の官僚のほうだ。個人的にも何人かは面識があるが、国家の行く末をしっかり考えて、行政に臨んでいると思う。政治家は「官僚バッシング」をし、自己の存在感を認めさせようとするが、どうも感心しない。民主党は、政権を取ると官僚バッシングに走ったが、結局彼らがこれまでに成し遂げた業績はといえば、消費増税くらいに思える。それは財務省の努力なくしては達成できなかったのではないだろうか。野田首相（当時）の功績であるとともに、財務省の功績と評価すべきだろう。

私は都知事や大阪市長が、それぞれの根幹的な責務である地方行政に集中せず、国政にばかり興味をもち、都が尖閣諸島を買うとか、大阪市から「維新」を起こすとかいう政治行動を評価しない。東京にはいつ福島から「死の灰」が飛んでくるか分からない。東京で直下型大地震が起こるかもしれない。大阪にマンハッタンを襲ったハリケーン・サンディーのようなものが来たら、大阪市は水浸しになってしまうかもしれない。彼らの仕事は、まずは自分が所管する地域の防災対策なりなんなり、そこに住む住民のために尽くすことではないだろうか。彼らは「国に奉仕する」と言葉ではいうが、実際には私欲（権勢欲）に満ち、本来地方の組織の長としての責務を放棄した、唯我独尊の行動をとっているとしか見えない。

＊選挙の重要性

「誰を国の長に選ぶか」という点では、アメリカは民主主義の国家として、選挙による市民の監視が日本よりは意味をもち、ベターなリーダーを選ぶ素地が生きているように思われる（これは必ずしも日本でも首相の公選制がよいという意味ではない。日本はアメリカとは政治環境が異なっており、公選制では人気TVタレントが首相に選ばれるようなことにもなりかねない危惧がある）。

ハリケーン・サンディーが急襲した後、ニュージャージー州知事のクリス・クリスティーはもちろん連邦政府の助けを必要とした。彼はオバマ大統領と密接に連絡を取り合った。大統領選挙のたけなわであり、オバマは民主党大統領候補、そしてクリス・クリスティーは「ロムニーを一番最初にエンドース（支持表明）した州知事」だった。オバマは「災害の時に民主党も共和党もない」と全面的に支援した。各役所のトップには「州知事や市長から電話がかかったら一五分以内に電話を返し、かつどうしたら『イエス』と答えることができるかを考えるように」という「一五分ルール」を設定した。クリスティーは全国に放送されるテレビの前で「大統領に十分に謝意を表しきれない。災害とは政党間の争いなどを越えたものである。よい仕事をしてくれた大統領に感謝せずにはいられない」と語った。彼のこの素直な謝意の表現は、クリスティー自身の評価を上げた。

ニューヨーク市長のマイケル・ブルームバーグもサンディーが来る前は、オバマもロムニーも支持せず、「支持できる候補はいない」と言っていた。しかし、彼もオバマの危機におけるリーダーシップ、そして彼が環境問題、気候変動に対し、どんなに産業界で不人気であっても、改善策を訴えてきたことを評価し、「オバマ支持」を明確にした。

コーリー・ブッカーはニューアーク市の若い市長で、黒人、民主党、「ローズ・スカラー（非常に権威のある奨学金を得た学生）」で、フットボールの選手だった文武両道に秀でた人だが、ハリケーン・サンディーの襲った後は、停電している市内で、自分自身トラックに乗って駆け回り、食べ物や飲み物を配って回った。彼はかつて若者の犯罪が多い街で、夜中には街に出てたむろしているギャングのような若者にまともな道を歩むように話しかけた。隣家が火事になり、上の階で老婆が孤立しているのを知ると、彼は火の中へ飛び込んで行き、救出した。彼自身やけどをした。コーリー・ブッカーは将来もっと大きな責務を負う政治家となってゆくだろう（ニュージャージー州上院議員に立候補するといわれている）。政治家のリーダーシップと、そのような政治家を輩出できるアメリカの民主主義は、日本にも学んでほしいところである。

私自身、ハリケーンの被害に遭《あ》い、隣家の大木が折れて自宅の車庫を潰し、オフィスは建設中の隣のビルのクレーンが落下しそうで入れなくなり、かつ電気を切られて、サーバーも使えないという被害に遭った。自宅でEメールだけどうにか繋ぎ、仕事を続けてゆくという不便さの中で、この国のリーダーがリーダーシップを発揮してくれていることに感謝した。

もっとも、数日後に迫った国政選挙（大統領および国会議員選挙）を考えると、この民主主義をもってしても、社会の分裂に対処していくには、今後茨の道が待っていると考えざるをえなかった。

いずれにしろ、日米関係を考えると、アメリカ側の政権は確定した。できうるならば、日本側も落ち着いて長期的な政策を論じられる長を選び、たいへん困難な時代を迎えるこれからの四年程度を、しっかりと舵取りしてもらいたいものだ。

とはいえ、その政権が「五五年体制への回帰」と「バブル崩壊の対策は次のバブル形成で」という政策を打ち出した。前途は多難である。

あとがき　本当に価値ある仕事とは

高齢の両親の介護を務める子供たちの仕事は、無条件の愛による、無報酬の仕事だ。この仕事は、どれほどの時間と努力を費やそうとも、ＧＤＰには勘定されない。

病気をもって生まれた子の世話をするために、それまで続けてきた仕事を辞め、専心することにした母親の仕事は、やはり無条件の愛による、無報酬の仕事だ。一方、今までのお金を稼ぐ仕事がなくなったので、これはＧＤＰに関しては恐らくマイナス要因となる。

しかし、両方の仕事はこの世で最も大きな価値をもつ仕事だ。

二〇一二年一〇月末に、季節外れのハリケーン・サンディーがニュージャージー、ニューヨーク地方を襲った。私の家も隣家の樫《かし》の大木が倒れてきて、車庫は屋根が潰れ、繋がっているポーチも屋根や窓が壊れた。倒木の枝はドライブウエーを塞ぎ、車を出せない日が続いた。私が住んでいるニュージャージーの市では七割以上の家が電気が切れ、暖房も効かなくなった。私の教会の神父であるファーザー・ロンは、教会の地下の集会場をこのシェルターにすることにした。といっても、スタッフがいない。まずメールでスタッフを求めると、青年団をはじめ、何人かの有志が集まり、スタッフ団を形成した。神父は当初場所を提供できても食事は提供できないと思い、市民へのアナウンスには「食事はないですよ」と書いた。しかし、食事が出ないと、人は町に食事に行かなければならなく、これはたいへんだと思うと、今度はまたメールで「食事を届けてくれないか」と人々に呼びかけた。すると続々と食事が運び込まれ、朝食にはパンケーキを焼き続ける人もいた。こうしてみんなが最も困っている二週間、二四時間オープンのシェルターの活動が続き、停電が終わった。神父が最後に出さなければいけなかったメールは「みなさん、もう食事は持ち込まないでください」というものだった。

私は車も使えず家に閉じ込められており、この活動に参加できなかった。神父はこの活動こそ「『時間、才能、財を神に返す』という行為ですよ（カトリックではこのようなことを「スチュワードシップ」と呼ぶ。単なるボランティア活動ではなく、イエスの僕《しもべ》として、イエスの教えが広まることを目標とする）」と説明された。教会とコミュニティーが深く結びつく機会となった。教会の地下が旅館であり、レストランであればGDPに貢献したが、そうではない無料の行為なので、もちろんGDPには貢献しない。

このように、実際の人間の社会を観察するならば、GDPに勘定されない、経済成長に貢献しない仕事はいくらでもある。しかし、そうするとGDPには貢献しないような経済行為がたくさんあるほうが、実は社会はより「豊か」であるとさえ考えられはしないだろうか。

人間の社会での活動が、何もかもお金に換算できないというのは、あたりまえのことだ。しかし、政府も、学問としての経済学も、企業の行動においても、こうしてお金に換算できず、GDPに勘定されない仕事のほとんどには関心を払わない。そして人為的な経済成長率や、売り上げや利益の増加だけが、経済社会の目標として採り上げられる。中央銀行などさらに悪く、インフレ率、言い換えれば「ものの値上がり」を目標とすることを、彼らの重要な仕事とするという。その中央銀行に圧力をかけ、金融緩和を要求する政治はもう論外だ。社会が何から成り立っているのか、視線を向けるべきところを誤っている政治家は実に多い。

残念ながら、人間は自らが大切にすべきものが何であるかを見失った。そしてその傾向は深まるばかりだ。世の中、誰もかもが浅慮になってきたのだろう。

携帯電話の普及などは、さらに一層人間が浅慮に走る傾向を加速している。本は読まず、考えず、人々の信仰は薄くなり、最も知恵を必要とする時代に、あさはかな行動に走らせる。これは世界的な傾向だ。

＊理想とは違うアメリカ

私の国であるアメリカを考えてみよう。

一国の大統領は国民一〇〇％のために働くのがあたりまえだ。しかし、共和党候補のロムニーは五三％の現在納税中の人々のためにしか働かないと言って、富裕層からの献金集めをした。聖書の中に出てくる「よきサマリア人（強盗に襲われ、身ぐるみ剝がされ、道端に倒れているユダヤ人の旅人を旅館まで運び、宿代を負担して世話を頼んだサマリア人）」の教えは、彼には継承されていない（もっとも節税のための大きな献金はしているそうだ）。

そのロムニー自身は、ケイマン諸島にタックス・ヘイブンの資産運用口座をもち、スイスの銀行口座をもち、節税に励み、自分自身の連邦所得税率を一四％に抑えている。この税率は私が米国居住期間に支払ってきた平均所得税率の半分にも満たない。

しかし、そんなロムニーにも、アメリカ国民の「半分弱」の人が支持票を入れた。どういう人々だろうか。

単純に、今が不満足だから、大統領を入れ替えればよくなるだろうと考えた人。黒人が大統領であることが何が何でも許せない「白人人種差別主義者」。銃の所有が何よりも大事な「ナショナル・ライフル・アソシエーション」の人々。銃所有を支持する南部バプテイスト派を中心とするエバンジェリコと呼ばれる「キリスト教右派」。自分たちの税率が少しでも低くなることを望む「高所得層」、あらゆる規制緩和を望み、環境保護など無価値と決め付ける企業経営者、未だに「砲艦外交」が通用するからと政府の軍事支出増加を望む「軍需産業従事者」（ロムニーは軍艦が足りないから軍艦を造れと言った）、イスラエルといっしょになって、イランを攻撃したくてしょうがない「軍国主義者」（ロムニーはアメリカに対する最大の脅威はテロリストではなく、イランだと言った。また地政学上の最大の敵はロシアだとも言った）等々である。

このように、アメリカ人からも、この二〇年の間、その最大のよさであった公徳心が失われてきたように感じられる。自分個人の利害をむき出しにする。一般の人々の信仰が薄れる一方、メガチャーチなど、お金に結びつき、MBAを雇って「集客」に勤《いそ》しむような宗教団体が伸びてきた。アメリカ国内に生まれる「孤独」なテロリストは、毎月のように銃を持ち出し、発砲事件を引き起こす。それでも銃規制ができない。

そのような現在のアメリカは、かつて私が理想としたアメリカとは異なる。

＊セントルイス駅で

そんなアメリカから、本書は日本にいる兄弟姉妹のために書いた。よく考えてみると、私の祖父の兄にあたる永井荷風《ながいかふう》が書いた『あめりか物語』とは、随分と違ったものになってしまった。荷風が来た頃のアメリカのほうが、人種差別に目をつぶれば、よっぽど浪漫《ロマン》に満ちていたのだろうし、彼が描いたアメリカのほうが、たとえ月日の経った今日でも、本書よりも一層読者の心を惹《ひ》きつけることだろう。

荷風はアメリカに到着したばかりの時は、シアトルの郊外タコマ地区に移住していた日本人移民に接した。貧しく、人種差別もひどく、苦労して日々の糧を稼ぐ人々だった。それからだんだん東に移動し、やがてニューヨークのウォール街にあった横浜正金《よこはましょうきん》銀行（現在の三菱東京ＵＦＪ銀行）の嘱託になるが、途中セントルイスの中央駅（ユニオン・ステーション）を訪れた時など、その壮大さに驚き「二〇世紀の魔界」に出合ったと表現した。

彼はオハイオ州のオバリン大学でフランス語を学んだ。先日同大学のキャンパスを訪れる機会があったが、霧雨に濡れるオバリンの街は、落ち着いた学園町で、四〇年前に訪れたスタンフォード大学のあるパロ・アルトを私に思い出させた。「この道を荷風も歩いたのかな」と考えると感慨無量だった。

荷風はアメリカで四年過ごし、やがてもう一つの憧れの地、フランスのリヨンに向かう時、彼はアメリカを「思返すと日本を去ったのは四年前。亜米利加は今わが第二の故郷となった」（『六月の夜の夢』）と言い、別れを惜しんだ。

先日荷風が訪れて感激した世界万博が開催されたセントルイスのユニオン・ステーションを、初めて訪ねた。が、そこはもう駅ではなくなっていた。マリオットホテルと、どこにもあるようなショッピングモールに改装されていた。ホテルのロビーは、過去の栄光を保存した立派なもので感動したが、モールは平日の夕刻だったので、人出もまばら。「これでやって行けるのかな」と行く末を案じるような状況だった。荷風が見たような（そして当時の絵葉書に描かれた）いくつものプラットフォームが並ぶ、壮大な駅を想像して行ったので、がっかりした。それはまるで、友人を訪ねてみたらそこに待っていたのは、「もう何年も前に亡くなっていたという訃報だった」というのと同じ感じだった。

荷風はフランスを回った後、軍国色濃い日本に失望しながら帰国した。彼には恐らく帰国する以外の選択肢はなかったのだろう。アメリカもフランスも「敵国」となったのだから。アメリカに住むことができる点で私は違っている。しかしながら、特に「国防軍をつくろう」というような日本に対しては、軍国化していく日本に荷風がもったと同じ疑念をもつ。日本が再び「間違った方向」に歩みはじめたように感じている。

私はアメリカの国民となり、この国において、今後ますますこの国の人々のために貢献したいと考えている。アメリカは私が洗礼を受けた教会があり、現在住み、選挙権をもち、骨を埋める国だ。オバマ大統領のように、全身全霊をこの国の市民のために捧げている大統領を見ると、私も同様にしなければならないと思う。

本書は木村隆司氏の発案と編集をもって発刊に至ったものである。木村さんには『ニューヨーク流　たった5人の「大きな会社」』（現在、社員はニューヨークに八人、テル・アビブに三人で合計一一人）、『さらば、強欲資本主義』に次ぐ三冊目の本としてお世話いただいた。執筆中にアメリカ、日本の選挙などが入り、長丁場での原稿作成となったし、編集には多大なご苦労をおかけした。その厚い友情とともに、心より感謝申し上げる。

もしかしたら、日本語で、日本の人々のために書く本は、本書でもってしばらく打ち止めになるかもしれない。私はいつか、息子を含むアメリカ人に、英語でもって、日本で生まれ、この国にやってきた同胞としての考えを伝える本を書きたいと考えている。

日本とアメリカの関係は今後も重要だ。両国とも中国という「中華思想」に凝り固まったやっかいな国と今後ますます対峙《たいじ》しなければならなくなる。領土的野心を含め、巨大な人口、領土、日本を超えた経済規模をもつこの国に押し潰されないようにしていくことは、たいへんな知恵と努力を要する。

中国問題だけでなく、世界の平和を実現するために両国の政府、国民が、ますます連帯して仕事をする機会が増えていくと思われる。

日米両国の一層の平和と、人々の幸いを祈り筆をおくこととする。

ピース・ビー・ウイズ・ユー。

二〇一三年二月

神谷秀樹《みたにひでき》

著者略歴

投資銀行家。1953年、東京都に生まれる。1975年、早稲田大学政治経済学部を卒業し、住友銀行に入行する。ブラジル研修を経て、国際投融資部と国際企画部に勤務する。1984年、ゴールドマン・サックスに転職し、ニューヨークに移住。1992年には、日本人一個人が設立し、初めて米国証券取引委員会に登録された投資銀行であるミタニ&カンパニー（その後、ロバーツ・ミタニと改称）を創業。2012年にはアメリカ国籍を取得する。ライフサイエンスなどのベンチャー支援で世界を駆け巡るかたわら、著述活動を行っている。これまでに大阪府海外アドバイザー（国際ビジネス特別アドバイザー）、フランス国立ポンゼショセ大学国際経営大学院客員教授などを歴任。著書に『ニューヨーク流 たった5人の「大きな会社」』『さらば、強欲資本主義』（以上、亜紀書房）、『強欲資本主義 ウォール街の自爆』『ゴールドマン・サックス研究』（以上、文春新書）、『世界経済はこう変わる』（小幡績氏との共著、光文社新書）、『強欲資本主義を超えて 17歳からのルネサンス』(ディスカヴァー携書)などがある。

人間《にんげん》復興《ふっこう》なくして経済《けいざい》復興《ふっこう》なし！

著者 神谷《みたに》 秀樹《ひでき》

2013年7月8日 第1刷発行

発行所 株式会社亜紀書房
東京都千代田区神田神保町1-32 〒101-0051
電話 03-5280-0261（営業） 03-3824-7238（編集）
振替 00100-9-144037
http://www.akizero.jp（亜紀書房ZERO事業部）

装幀 日下充典
印刷・製本 株式会社トライ http://www.try-sky.com

ISBN978-4-7505-1316-4